LA FIÈVRE
DE LA PLEINE LUNE

Biographie

R. L. Stine est né en 1943 à Colombus aux États-Unis. À ses débuts, il écrit des livres interactifs et des livres d'humour. Puis il devient l'auteur préféré des adolescents avec ses livres à suspense. Il reçoit plus de 400 lettres par semaine ! Il faut dire que, pour les distraire, il n'hésite pas à écrire des histoires plus fantastiques les unes que les autres. R. L. Stine habite New York avec son épouse Jane et leur fils Matt.

Avis aux lecteurs

Vous êtes nombreux à écrire à l'auteur de la série Chair de poule et nous vous en remercions. Pour être sûrs que votre courrier arrive, adressez votre correspondance à :

Bayard Éditions Jeunesse
Série Chair de poule
3, rue Bayard
75008 Paris.

Nous la transmettrons à R. L. Stine.

Chair de poule®

LA FIÈVRE DE LA PLEINE LUNE

R.L. STINE

TRADUIT DE L'ANGLAIS (ÉTATS-UNIS)
PAR SMAHANN BEN NOUNA

BAYARD JEUNESSE

Titre original
GOOSEBUMPS series 2000 n° 22
Full Moon Fever

Loi n° 49 956 du 16 juillet 1949
sur les publications destinées à la jeunesse
Dépôt légal février 2001

ISBN : 2 747 000 13 3

Avertissement

Que tu aimes déjà les livres ou que tu les découvres,
si tu as envie d'avoir peur, **Chair de poule** est pour toi.

Attention, lecteur !
Tu vas pénétrer dans un monde étrange
où le mystère et l'angoisse te donnent rendez-vous
pour te faire frissonner de peur... et de plaisir !

1

Alexia ferma les yeux, rejeta la tête en arrière et poussa un long hurlement, un cri de bête sauvage. Prenant une profonde respiration, je me mis à hurler à mon tour, mêlant mon cri au sien :

– Ououououuuuuu !

Surpris, Scotty, notre chien, un teckel à poils longs, se dressa sur ses pattes de derrière et commença à aboyer férocement.

Plus nous hurlions, et plus Scotty aboyait.

Une voix sèche nous ramena sur terre :

– Bobbie, Alexia ! Cessez de torturer cette pauvre bête !

C'était maman.

Ma sœur et moi nous écroulâmes sur la moquette du salon en hoquetant de rire. Scotty poussa encore quelques jappements en nous regardant sans comprendre.

Je le soulevai affectueusement dans mes bras, et il entreprit de me lécher la figure avec application.

On aurait dit qu'il me suppliait d'arrêter ces bêtises.
– Vous savez très bien que Scotty a horreur de vos hurlements. Pourquoi l'embêter comme ça ? demanda maman d'un air sévère, debout sur le seuil.
– Parce que c'est drôle, tiens ! répondis-je.
Et nous partîmes d'un nouveau fou rire en nous roulant par terre.
– Drôle ? répéta maman. Aussi drôle qu'une porte de prison !
Maman aimait beaucoup cette expression.
– Allez plutôt regarder vos sacs, reprit-elle. Vérifiez si j'ai mis tout ce qu'il fallait.
Alexia poussa un soupir de mécontentement tandis que je grognais :
– Pourquoi doit-on absolument aller voir Grand-père ?
Papa venait d'entrer dans le salon, portant nos bagages. C'est lui qui répondit :
– Parce qu'il est seul, parce qu'il n'y a plus d'enfants autour de lui. Et parce qu'il est tout simplement impatient de vous voir.
– Mais il nous raconte toujours des histoires horribles, des histoires qui font peur ! protesta ma sœur.
Je renchéris :
– Grand-père essaie tout le temps de nous effrayer !
Papa laissa tomber son fardeau par terre et me regarda d'un air moqueur :
– Ah bon ? Je croyais que tu aimais avoir peur, Bobbie. Du moins, c'est ce que tu prétends.
– Eh bien... oui, c'est vrai, admis-je.

Je me relevai pour jeter un coup d'œil dans mon sac.
Papa avait raison. Alexia et moi raffolions des histoires à vous donner la chair de poule. Et on aimait en inventer pour terroriser les deux gamins des voisins, que maman gardait parfois.
Dès que le mois d'octobre commençait, on se mettait à imaginer des costumes pour la fête de Halloween, qui se célébrait le 31.

Nous sommes, ma sœur et moi, passionnés par tout ce qui fait peur ; mais Grand-père l'est encore plus. Il faut dire qu'il est si bizarre…
Grand-père est très grand, plutôt osseux et pâle comme un cachet d'aspirine. Il m'a toujours fait penser à une sorte d'araignée géante ou à une mante religieuse. Voûté, les bras tout maigres serrés contre son corps, il se frotte les mains en nous regardant de ses yeux humides et globuleux lorsqu'il nous parle.
Grand-père vit seul dans une petite maison nichée au fond d'un bois. Alexia et moi dormons toujours mal chez lui. Le vent hurle dans les arbres comme un fantôme en peine, on entend d'étranges gémissements sous les fenêtres de nos chambres et des bruits furtifs d'animaux rôdant dans les parages.
En vérité, ce ne sont pas ces seuls phénomènes qui nous empêchent de dormir. À chacune de nos visites, Grand-père attend la nuit sombre pour faire un grand feu crépitant dans la vieille cheminée de pierre, et

il se met à nous raconter les histoires les plus effrayantes qu'on puisse imaginer. Des histoires à vous donner des cauchemars pendant des mois. Des histoires qu'il prétend vraies.
Celle du garçon mort, par exemple, qui continue à venir à l'école, alors que ses camarades lui ont coupé la tête et qu'ils l'ont brûlée dans la cour de récré !
Quel bobard !
Ou celle des tueuses des bas-fonds, deux filles qui se sont noyées et vivent sous l'eau comme des zombies. Elles attrapent les nageurs par les chevilles et les entraînent dans les profondeurs du lac pour en faire leurs compagnons d'éternité.
Délicieuses histoires, n'est-ce pas ? Nous avons beau aimer nous faire peur, nous trouvons que Grand-père exagère.

– Ce truc ne me va plus ! se plaignit Alexia en sortant son pyjama de son sac et en le jetant à travers la pièce. Tu sais bien qu'il est trop petit, Maman !
– Si ce pyjama ne te plaît pas, soupira maman, tu n'as qu'à monter dans ta chambre et en choisir un autre toi-même.
– Est-ce que Scotty peut venir avec nous ? demandai-je. Je suis sûr qu'il aimerait courir dans les bois.
– C'est ça ! s'exclama papa en levant les yeux au ciel. Ce chien n'est pas un animal d'extérieur. Il a peur de tout, même des feuilles qui tombent !
Et mes parents éclatèrent de rire.
– Il n'a pas peur de toutes les feuilles..., rétorquai-

je. Seulement des grosses.

Je pris Scotty dans mes bras :

– Allez, viens, mon chien, on va chez Grand-père !

– Tu vas laisser cette bête ici, rétorqua maman en durcissant le ton. Tu sais très bien que ton grand-père est allergique aux chiens. Ça le fait éternuer, ça lui donne des boutons.

– A… aaa…

J'ouvris la bouche, fermai les yeux et fis semblant d'éternuer.

– Atchoum !

– Et moi, je suis allergique à Grand-père ! répondis-je. Il vaudrait mieux que je reste à la maison avec Scotty.

– Belle tentative, mais c'est raté ! fit papa. Bon, assez discuté. Allons charger la voiture, il se fait tard.

Poussant un gros soupir, je lâchai Scotty, ramassai ma veste, mon sac, et je sortis de la maison.

La nuit était claire et froide, de la buée s'échappait de ma bouche. L'hiver était précoce cette année.

Alors que je marchais vers la voiture garée dans l'allée, un frisson glacé me parcourut le dos.

Pourquoi avais-je un si mauvais pressentiment ?

Pourquoi donc étais-je secrètement persuadé que Grand-père nous réservait la plus terrifiante de ses histoires ?

2

Il fallait une petite demi-heure pour aller chez Grand-père. Alexia et moi, assis sur la banquette arrière, mîmes ce temps à profit pour discuter de nos costumes de Halloween.

– Vous pourriez vous déguiser en insectes géants couverts de poils, suggéra maman.

– Et où trouveront-ils les poils ? demanda papa.

– On n'a qu'à raser Scotty ! plaisantai-je.

– Très drôle..., fit maman.

Papa quitta la route goudronnée pour s'engager sur un sentier de terre qui traversait les bois et menait chez Grand-père.

Je le vis debout, près de la porte ouverte, vêtu d'une salopette kaki et d'une chemise en laine rouge. Derrière lui, le feu de la cheminée projetait une lueur orangée. Grand-père vint à notre rencontre de son étrange démarche de sauterelle. Sa tête semblait rebondir à chacun de ses pas, ses longs cheveux blancs ondulaient au vent.

Lorsque papa arrêta la voiture, Grand-père ouvrit la portière arrière, se pencha et nous scruta, Alexia et moi, de ses yeux globuleux.
– Bien, bien, bien, fit-il, souriant.
– Comment vas-tu, Grand-père ? demandai-je en sortant de la voiture.
Il se frotta les mains, son sourire s'élargit :
– Bienvenue chez moi, comme disait l'araignée à la mouche !
Le vent hurlait lugubrement, faisant trembler le feuillage, la demi-lune pâle flottait très bas dans le ciel nuageux. À la lumière des phares, j'aperçus un gros rat des champs qui détalait près de la maison. Je frissonnai de plus belle.
La nuit, chez Grand-père, j'ai toujours entendu des grattements, les minuscules pattes de bestioles marchant sur les poutres, juste au-dessus de ma tête. Je compris que sa maison devait grouiller de rats et de souris.
Après les embrassades, Grand-père nous invita à entrer chez lui. La pièce sentait le vieux tabac. Il aimait fumer une pipe après dîner.
– Tiens, c'est nouveau, ça ? demanda papa en désignant un gros fauteuil en cuir vert devant la cheminée.
– Oui. Un animal s'est introduit dans la maison, l'autre jour. Ça devait être un raton laveur... Il n'a pas trouvé de meilleure idée que de déchiqueter mon bon vieux fauteuil.
Alexia poussa un cri effrayé :

– J'espère que tu as chassé cette sale bête, Grand-père ?
Il se gratta la tête :
– J'crois qu'il est parti… En tout cas, je ne l'ai pas revu.
Puis il se tourna vers moi :
– J'ai acheté tes gâteaux préférés, Bobbie. Et je vais vous préparer plein de pop-corn. Oui, on va se régaler !
– Bien, il est temps de partir, annonça maman. Nous avons réservé une table pour huit heures. On va être en retard.
Nos parents nous abandonnaient, Alexia et moi ; ils allaient profiter de leur soirée dans un bon restaurant de la ville voisine ! Grand-père avait donc quelques heures devant lui. Quelques heures pour nous effrayer à mort !
Il verrouilla la porte et marmonna en frottant les manches de sa chemise :
– Brrr, la nuit est froide. Je vais préparer le pop-corn, et on le mangera devant le feu. Ça nous réchauffera.
Quelques minutes après, il posa sur la table basse une assiette de cookies, un grand saladier de pop-corn et deux verres de jus de pomme.
Ma sœur et moi, assis sur le bord du canapé en cuir râpé, piochâmes dans les plats. Devant nos yeux, les flammes dansaient dans la cheminée. Mes joues et mon sweat-shirt étaient brûlants.
Grand-père s'installa lentement dans son nouveau

fauteuil, puis il nous regarda manger le pop-corn. Il ramassa sa pipe, la caressa, la reposa.

– C'est bientôt Halloween, murmura-t-il. Êtes-vous prêts à entendre une nouvelle histoire ? J'en connais une particulièrement horrible.

J'allais poser une question quand un hululement strident retentit dehors.

Il semblait très proche, comme s'il provenait de derrière la porte.

– Qu'est-ce que c'est ? chuchotai-je.

Je me raidis, m'attendant à entendre un autre cri, mais le silence retomba.

Grand-père se pencha vers nous.

– C'est peut-être le vent dans les arbres, fit-il d'une voix à peine audible. Ou alors… ou alors, c'est quelqu'un qui vient d'être frappé par la fièvre de la pleine lune.

Je laissai échapper un petit cri :

– La fièvre de la pleine lune ? C'est quoi, ça ?

3

Une brindille éclata dans l'âtre, une bûche se brisa et s'effondra en projetant une nuée d'étincelles rouges et jaunes.

Des ombres dansaient sur le visage de Grand-père, la lumière des flammes se reflétait dans ses yeux humides.

– Oh, c'est une longue histoire, répondit-il après un temps de silence.

Il s'éclaircit la gorge, posa ses grandes mains sur les bras du fauteuil. Je pris une grande poignée de pop-corn et m'installai confortablement.

Près de moi, Alexia fixait Grand-père d'un air inquiet.

– Ça s'est passé il y a un an déjà. En octobre dernier exactement. Vous vous souvenez peut-être que je voyageais à l'époque. J'étais au Canada, au fin fond des forêts du Nord. Au cours d'une randonnée…

– Il faisait froid ? le coupa Alexia en prenant son verre de jus de pomme.

Grand-père tapota impatiemment les bras du fauteuil. Il détestait qu'on l'interrompe lorsqu'il racontait une histoire. J'étais certain que ma sœur l'avait fait exprès.

– Il faisait froid, oui, mais c'était un temps agréable. L'air frais sentait le pin, les collines vertes étincelaient comme des émeraudes. J'ai passé de merveilleux moments à me balader dans les forêts. Mais un soir... un soir je me suis éloigné de mon campement et me suis perdu. Des nuages masquaient la lune et les étoiles. Désorienté, je me suis rendu compte que je tournais en rond. Les grands arbres m'encerclaient. Je me suis soudain senti piégé, j'avais l'impression que j'étais leur prisonnier, qu'ils me cachaient le sentier du campement. J'ai cherché mon chemin pendant une heure, deux peut-être. Les piles de ma lampe commençaient à faiblir... Je compris que j'étais perdu. Tout autour, j'entendais des animaux. Des hululements, des gémissements, des grattements de griffes sur les branches, sur le tapis d'aiguilles.

– Des animaux comment ? Gentils ou méchants ? demanda Alexia.

– Je ne le savais pas. En tout cas, j'essayais de garder mon calme, mais mon cœur battait fort dans ma poitrine. La peur me serrait la gorge, j'avais du mal à respirer. L'air se refroidit, le vent se leva – un vent hurleur, comme celui de ce soir. Je claquais des dents. Il fallait que je retrouve le sentier, ma tente, mes affaires... Les cris dans les arbres se firent plus forts, j'entendais des pas d'animaux qui me suivaient. Tout à coup, j'aperçus entre les troncs une lueur vacillante. C'était l'éclat d'un feu dans la fenêtre d'une petite maison ! Je sautai de joie. J'étais tellement soulagé ! Je courus vers le petit chalet et frappai à la porte. Quelques secondes plus tard, une vieille femme m'ouvrit. En me voyant, elle poussa un cri de frayeur. J'étais complètement décoiffé, je haletais comme un chien... Je devais offrir un fameux spectacle !

– Je suis perdu, réussis-je à articuler.

Elle m'invita à entrer.

– Je ne reçois pas beaucoup de visites, dit-elle en me guidant vers la cheminée.

Je m'approchai du feu et, après un long moment, je cessai de trembler. La femme me fit ensuite asseoir devant la table et me servit un grand bol de soupe fumante. Elle était vraiment gentille. Son mari, m'expliqua-t-elle, était un chasseur, un trappeur. Tous deux avaient toujours vécu au fond des bois. Ce soir-là, son époux était en train de relever ses pièges.

On discuta un moment, puis elle m'expliqua comment retrouver mon chemin. Je la remerciai mille fois et me levai pour partir. J'étais déjà à la porte quand elle m'arrêta.

– Quand vous marcherez, gardez toujours les yeux baissés, me conseilla-t-elle. Cette nuit est favorable à la fièvre de la pleine lune.

Je la regardai, perplexe. Comme je n'avais jamais entendu parler de cette maladie, je lui demandai quelques détails.

Elle m'invita alors à reprendre place près de la cheminée.
Assise en face de moi devant le feu, la vieille femme croisa ses mains noueuses. Des ombres obscures dansaient sur son visage ridé, mais ses yeux gris luisaient d'un étrange éclat tandis qu'elle me racontait cette incroyable histoire.
– Ce soir la lune est pleine, commença-t-elle. Et quand la pleine lune apparaît à l'époque de Halloween, elle projette une lumière très particulière, une lumière dangereuse.
– Comment cela, dangereuse ?
Elle leva sur moi un regard qui me fit frissonner.
– Si vous regardez la lune directement, affirma-t-elle, vous serez touché par la fièvre de la pleine lune !
– Est-ce une maladie ?
– Ça commence comme une fièvre, oui. Comme une grosse grippe. Mais ensuite… ensuite, votre corps se met à changer.
Je laissai échapper un rire nerveux :
– Vous voulez dire qu'on se transforme en loup-garou ?
Elle hocha la tête :
– Celui qui est touché par cette fièvre devient mi-homme, mi-bête. Il ne peut plus vivre avec ses semblables parce que… parce qu'il a faim… trop faim… terriblement faim.
Je ris à nouveau. Je regardai ce visage ridé, ces yeux où dansaient les flammes, et pensai que cette vieille femme solitaire était un peu dérangée.

« Quelle histoire idiote, me dis-je. C'est juste un bobard destiné à effrayer un voyageur égaré ! »
Pensif, je la fixai un long moment... Puis je me levai et la remerciai pour son hospitalité.
Je quittai le petit chalet et retrouvai la nuit et l'air froid. Je gardais encore la chaleur du feu sous ma parka, je sentais les yeux gris de la vieille femme posés sur moi tandis que je marchais entre les arbres. Je riais tout seul en suivant les indications pour trouver le sentier.
– Quelle histoire de fou ! me dis-je à voix haute. On dirait qu'elle a voulu m'effrayer. Elle doit s'ennuyer, la pauvre !
Pourtant ses indications étaient exactes. Je retrouvai facilement le sentier sur la colline, et je me mis à le remonter.
En vérité, j'avais complètement oublié que c'était justement la nuit de Halloween. Je levai les yeux vers le ciel. Les nuages se séparaient lentement pour faire place à une lune bien pleine, bien brillante. Elle semblait flotter si près de moi que j'aurais pu la toucher du bout des doigts. Alors que je la contemplais, un éclair argenté provenant de l'astre me fit cligner des yeux. Une lumière aveuglante m'inonda. Elle semblait si froide ! Froide comme de la glace.
Lorsqu'elle s'évanouit, j'étais complètement engourdi. Je me frottai le front, tombai à genoux. Je me sentais très mal. Je transpirais, j'avais la nausée, des frissons me parcouraient le corps... et pourtant j'avais chaud, trop chaud.

Alors la métamorphose commença. Ma peau se mit à me démanger affreusement. Et puis… et puis je sentis la fourrure qui… poussait, poussait. Les poils drus perçaient ma peau. Une toison épaisse recouvrit petit à petit mes bras, mes jambes, ma poitrine ! Je l'avais attrapée ! J'avais attrapé la fièvre de la pleine lune ! Vous comprenez, les enfants ? L'année dernière, lors de cette nuit de Halloween, j'ai été frappé par cette terrible malédiction !

Alexia et moi, bouche bée, ne pouvions que fixer Grand-père.
Les yeux exorbités, il se mit à respirer rapidement, comme un animal affamé.
Soudain, il bondit de son fauteuil et se jeta sur nous en grognant furieusement :
– J'ai attrapé la fièvre de la pleine lune ! Et maintenant, je vais vous contaminer !

4

Ma sœur et moi glissâmes du canapé en hurlant pour tenter de lui échapper. C'était compter sans la rapidité de Grand-père qui, vif comme l'éclair, nous emprisonna dans ses bras.
Piégés !
Soudain, il se mit à rire.
Son rire strident ressemblait à un hennissement.
Il nous tenait tous deux serrés contre lui. Et il riait, il riait ! Il en pleurait ! Enfin, il se calma et un large sourire se dessina sur ses lèvres :
– Je vous ai vraiment eus cette fois, je vous ai vraiment fait peur ! Allez, les enfants, ce n'était qu'une histoire !
Il se remit à rire de plus belle.
Je me libérai d'un mouvement rageur, et Alexia grogna :
– On s'est encore fait avoir !
– C'est trop facile avec vous, fit Grand-père en séchant ses larmes. Trop facile.

– Eh bien, c'est la dernière fois ! m'écriai-je, vexé et furieux. Y en a marre de tes histoires ! Je ne marcherai plus jamais !
Son sourire s'élargit et ses yeux étincelèrent.
– Ça, on verra…, murmura-t-il.

Je dormis très mal, cette nuit-là. La lumière de la demi-lune inondait ma chambre, et je ne cessais de penser à cette maudite maladie.
Le lendemain matin, je fus bien soulagé lorsque maman vint nous chercher. Après avoir mis nos manteaux, Alexia et moi embrassâmes Grand-père et sortîmes de la maison en courant.
Il nous suivit dehors.
– Dans deux semaines, c'est Halloween, les enfants, ne l'oubliez pas, lança-t-il. Ne regardez surtout pas la pleine lune !
Ma sœur et moi hochâmes la tête.
« Franchement, il ne peut pas s'empêcher de blaguer ! » pensai-je.
Si seulement nous l'avions écouté…

5

Une semaine avant Halloween, une grosse grippe nous cloua au lit, Alexia et moi, de sorte qu'il nous fut impossible de préparer nos costumes. Aussi, le soir de Halloween, il nous fallut improviser. Alexia enfila un sweat-shirt et des collants jaunes, et fixa sur sa tête un entonnoir de même couleur avec une ficelle.

– Je suis un Teletubby, déclara-t-elle.

Quant à moi, je pliai un drap pour en faire une cape, je dénichai dans mon placard un vieux masque noir et une épée en plastique :

– Et moi, Zorro !

Ma sœur fit la moue :

– Pas terrible…

– Même avec mon épée ?

– Ça ? Ce truc de bébé en plastique ?

Ce qu'elle pouvait me fatiguer ! Je sentis alors qu'on tirait sur ma cape :

– Scotty ! Lâche-moi !

Les crocs plantés dans le tissu, le chien grognait, tentant de m'arracher mon déguisement.
– Arrête, sale bête ! C'est pas vrai, quel casse-pieds !
Alexia éclata de rire :
– Tu as pris le vieux drap sur lequel il dort ! Il ne veut pas te le prêter, voilà tout !
Évidemment, maman arriva au moment où je donnais une tape à Scotty pour lui faire lâcher prise.
– Bobbie ! Cesse de frapper ce chien ! Tu es toujours à le torturer !
– Quoi ? me rebellai-je. C'est lui qui me harcèle !
Maman le prit dans ses bras, et Scotty se mit à lui lécher les joues.
– Beurk ! fis-je.
Mais maman le laissait la couvrir de bisous mouillés. Je suis sûr qu'elle le faisait exprès pour me dégoûter.
Finalement, elle se tourna vers moi :
– C'est quoi, ce costume ? Celui du cavalier solitaire ? Il te manque un chapeau de cow-boy !
– Je suis Zorro, marmonnai-je. Ça ne se voit pas ?
– Excuse-moi, dit maman en posant le chien par terre. Et ce drap, alors, c'est une cape ?
– Ouais…
Son attention fut alors attirée par Scotty. Elle se baissa :
– Qu'est-ce que tu manges, toi ? Fais voir un peu.
Elle l'obligea à ouvrir la gueule et en sortit un vieux mouchoir en papier.
– Ce chien mange toutes les cochonneries qui traînent, grommela Alexia.

– Ce n'est pas lui qui a laissé traîner ce mouchoir, je suppose ! répliqua maman avec un froncement de sourcils accusateur.

Et voilà ! C'était lui qui faisait des bêtises, et c'était à nous qu'on passait un savon !

– Vous vous souvenez du dernier Halloween ? continua-t-elle en jetant le mouchoir dans la corbeille. Vous aviez laissé vos bonbons par terre…

– Et cet imbécile de chien les a tous bouffés ! dis-je, méprisant.

– La pauvre bête a été malade pendant une semaine, reprit maman en caressant affectueusement la tête de Scotty.

– Ne t'inquiète pas, Maman, on fera attention, lui assurai-je.

Alexia mit la touche finale à son costume en se collant un écran de télé en carton sur la poitrine. Après quoi, nous prîmes nos petits sacs vides et nous dirigeâmes vers la sortie. Scotty nous suivit en sautillant. Cet idiot s'imaginait sans doute qu'il allait nous accompagner !

– Ne revenez pas trop tard, lança maman depuis le seuil. Et ne vous éloignez pas trop !

– Fais pas ci, fais pas ça, marmonnai-je. Est-ce que tous les parents essaient de gâcher Halloween à leurs enfants ?

– Peut-être qu'ils ont peur, suggéra Alexia.

– Peur de quoi ?

Ma sœur ne trouva rien à répondre. Elle remit en place son entonnoir qui avait glissé :

– Je vais parler bébé toute la soirée, puisque je suis un Teletubby.
– Parce que ce n'est pas ce que tu fais d'habitude ?
Elle me lança une bourrade, si bien que je m'empêtrai dans ma cape et faillis tomber.
– Ça commence bien, rouspétai-je.
La nuit était claire et froide. Une légère couche de givre faisait scintiller la pelouse.
Je levai les yeux vers le ciel :
– La pleine lune ! Hé, Alexia, regarde ! La lune de la nuit de Halloween ! Gare à la fièvre de la pleine lune… !
Elle rit, mais soudain son rire s'étrangla.
Devant nous venait de surgir une créature affreuse, mi-bête, mi-homme. Elle avançait d'un pas chancelant, les bras dressés vers la lune, en gémissant :
– Aidez-moi, aidez-moi…

6

Alexia poussa un cri strident et recula d'un bond. Alors j'éclatai de rire : quel superbe déguisement ! Saisissant le long groin poilu, je tirai sur le masque.
– Maggie ! s'exclama Alexia.
Eh oui ! Ce n'était que Maggie Brown, la meilleure amie de ma sœur ! Elle m'arracha le masque des mains en imitant fort bien des grognements féroces.
– Ton costume est génial ! la félicita Alexia. Tu m'as presque fait peur !
– T'es quoi ? plaisantai-je. Une poupée Barbie ?
– Ha-ha, très drôle ! rétorqua Maggie. Regardez, c'est de la vraie fourrure ! C'est un reportage sur les loups, l'autre jour, à la télé, qui m'a donné l'idée. Si j'étais un animal, j'adorerais être un loup !
– C'est de la fourrure de loup ? demanda ma sœur en caressant la manche du costume.
– Aucune idée, avoua Maggie.
– C'est plutôt de la peau de lapin ! ricanai-je.

– Oh, arrête, Bobbie ! s'énerva Maggie. T'es vraiment trop bête !
On entendait Scotty aboyer furieusement dans la maison. Il avait dû voir Maggie par la fenêtre et l'avait prise pour un gros chien. Scotty ne supporte pas les gros chiens !
– Bon, on va chercher des bonbons ou on reste plantés là ? lançai-je, impatient. Si on s'y met pas maintenant, on n'aura plus rien.
Maggie remit son masque, Alexia redressa son entonnoir et son écran télé.
– Allons par là, proposai-je en montrant le chemin de la pointe de mon épée. Puis on fera le tour du pâté de maisons.
– J'espère qu'on ne me donnera pas de pommes, dit Maggie. Les pommes, c'est pas des bonbons !
– Moi, ce que je n'aime pas, intervint ma sœur, c'est les bonbons acidulés. Je déteste ce goût piquant, j'ai l'impression d'avoir la bouche qui rétrécit !
Nous parlâmes bonbons tout le long du chemin. À la première maison, on nous offrit des caramels, à la deuxième un sac de pop-corn, à la troisième une poignée de barres chocolatées…
Ça commençait plutôt bien.
Une heure plus tard, nos sacs étaient lourds et bien gonflés.
– Rentrons chez nous pour la dégustation, proposa Alexia. Je meurs de faim !
– D'accord, dit Maggie.
Moi, je ne dis rien. Je regardais une maison, juste

au coin de la rue, une vieille bâtisse délabrée, à moitié cachée par un bouquet d'arbres.

– Allons encore frapper à cette porte, décidai-je en traversant la rue.

Alexia me rattrapa par le bras.

– Bobbie, non ! supplia-t-elle. C'est la maison de Mme Eakins.

– Je le sais parfaitement, répondis-je en me dégageant. Je suis curieux de voir ce qu'elle va nous donner.

– Non, s'il te plaît, n'y va pas, Bobbie ! Tu sais bien qu'il ne faut pas y aller !

7

– Bobbie, n'y va pas ! Mme Eakins nous déteste ! Tu te souviens quand tu lui as cassé une vitre avec ton ballon de foot ? Elle a hurlé comme une folle, elle a menacé d'appeler la police…

– Tu oublies de dire qu'elle ne m'a pas rendu mon ballon !

– Elle ne nous donnera rien, elle nous hait ! répéta Alexia.

– Mais nous sommes déguisés, elle ne nous reconnaîtra pas ! Et puis, qu'est-ce qui peut nous arriver ? Il faut que je sache ce qu'elle donne comme bonbons.

– Pas question ! déclara Maggie en ôtant son masque. Elle avait le visage couvert de sueur, des mèches étaient collées à son front :

– Jamais je ne m'approcherai de cette maison ! Cette femme est complètement dingue, et peut-être même dangereuse. Et tout le monde dit que c'est une sorcière.

J'éclatai de rire :
– Ouais, c'est ça ! Et, la nuit, elle se promène sur un balai !
– Je ne plaisante pas, s'entêta Maggie. Elle a jeté un sort à Mme Tarver, la dame qui habite de l'autre côté de la rue. Maintenant, la pauvre n'arrête plus de cligner des yeux.
– On rentre ! insista Alexia en me tirant par la manche. On va compter nos bonbons !
– Encore une, une seule ! Allez, venez, les filles. C'est Halloween, il faut se faire un peu peur, sinon, ce n'est pas drôle !
Je m'élançai vers la vieille maison.
– Je n'y vais pas, décida Maggie. Et puis je suis fatiguée. On se voit plus tard… si vous êtes encore en vie !
Elle partit d'un pas rapide, son sac de bonbons à la main et son masque coincé sous le bras. Je ne pus m'empêcher de rire en regardant sa longue queue qui se balançait derrière elle au rythme de ses pas.
Je lâchai, méprisant :
– Quelle poule mouillée !
Alexia me regarda d'un air sévère :
– Maggie n'est pas une poule mouillée. Elle est très sympa. Et puis, elle a raison : il est tard, ça fait une heure qu'on est dehors. On n'a qu'à…
Je n'attendis pas la fin de sa phrase. Je traversai la pelouse envahie d'herbes folles et je me retrouvai devant la vieille bâtisse.
Une grosse citrouille trônait sur le perron, des épis

de maïs ornaient la porte et une faible lumière filtrait par une lucarne, au-dessus de la porte d'entrée.
– Bobbie ! Elle nous déteste !
Ma sœur n'avait pas osé franchir la pelouse. L'écran de télé de son costume était décroché, l'entonnoir pendait de travers.
– Allons, Alexia, c'est une vieille histoire ! Elle ne se souvient même pas de nous !
J'appuyai sur la sonnette, mais je n'entendis pas le tintement dans la maison.
Je frappai à la porte.
Quelques secondes après, je perçus un bruit de pas.
Je levai mon sac.
La serrure céda avec un déclic ; puis, lentement, très lentement, la porte s'ouvrit en grinçant.
Pourquoi, mais pourquoi avais-je fait cela ?

8

– Eh bien, eh bien, qu'est-ce qu'il y a ?

Mme Eakins passa la tête par l'entrebâillement de la porte.

Elle avait un visage rond, à peine ridé, de grands yeux sombres et des lèvres rouges et bien pleines. Ses longs cheveux blancs étaient relevés en queue de cheval nouée par un ruban de velours. Toute de noir vêtue, elle portait une robe sans manches sur un pull à col roulé.

Elle nous examina des pieds à la tête :

– Voyons, voyons, en quoi vous êtes-vous déguisés ? En lutins ?

– Non... je... je suis Zorro, bredouillai-je. Et elle, là-bas, c'est un Teletubby.

Mme Eakins se mit à rire en pressant ses mains fines et pâles sur son visage :

– J'adore Halloween ! C'est ma fête préférée.

« Elle est rudement gentille, pensai-je. On dirait qu'elle ne nous a pas reconnus. »

Je levai mon sac.
– Des bonbons ou une farce, déclarai-je.
Elle me fixa de son regard sombre, puis, tendant le bras, elle fit tomber une feuille morte accrochée à ma cape.
– Ah, je vois que votre récolte a été bonne, dit-elle en souriant. Voyons ce que je peux vous offrir...
Elle disparut au fond de la maison.
– Tu vois ? murmurai-je à Alexia, qui attendait timidement sur la pelouse. Je t'avais dit que ça se passerait bien !
Toujours souriante, Mme Eakins revint :
– Voilà pour toi, Zorro.
Elle me remit deux barres chocolatées ; ensuite elle alla en offrir autant à ma sœur.
– Joyeux Halloween, les enfants ! dit-elle en refermant sa porte. J'adore vos costumes, ils sont très originaux.
Par la lucarne, je vis la faible lueur de l'entrée s'éteindre aussitôt.
– T'as vu ? m'écriai-je en rejoignant Alexia. Tu n'es qu'une poule mouillée, comme Maggie !
Elle haussa les épaules :
– D'accord, d'accord. On peut rentrer à la maison maintenant ? Tous ces bonbons me donnent faim !
– Allons-y.
Je rangeai une des barres chocolatées dans mon sac, et mordis dans l'autre.
Ma sœur fit de même.
On marchait lentement dans la rue en dégustant les

cadeaux de Mme Eakins. Alexia se débarrassa de son entonnoir, qu'elle fourra dans son sac.

– Mmmm ! Ce biscuit au chocolat est vraiment délicieux, dit-elle. J'en mangerais bien six d'affilée. C'est quoi comme marque ?

J'avais encore le papier dans la main. Je le défroissai et, dans l'obscurité, je lus avec difficulté les caractères biscornus :

– Barre spéciale.

Je froissai le papier et le mis dans mon sac.

– Ouais, c'est merveilleusement spécial ! approuva Alexia en fouillant dans ses friandises. Tiens, je ne trouve pas l'autre.

– Puisque tu aimes tant ça, je t'échange ma seconde barre, lui proposai-je.

– Contre quoi ? répliqua-t-elle, soupçonneuse.

– Contre deux Crunch.

– Deux ? Et puis quoi encore ? T'es malade, Bobbie ! Une chose contre une chose !

Malade... Ce mot me rappelait quelque chose. Machinalement, je levai la tête et regardai la lune. La pleine lune.

La lune de la nuit de Halloween.

– La fièvre de la pleine lune..., murmurai-je.

Alexia continuait de fouiller son sac. Elle finit par en sortir un sachet de pop-corn. Elle l'ouvrit et commença à s'empiffrer.

– Hein, qu'est-ce que tu dis ?

– La fièvre de la pleine lune, répétai-je lentement avec un sourire diabolique. Voyons si cette histoire

à dormir debout est vraie.
Dès que nous atteignîmes le coin de notre rue, je posai mon sac sur le trottoir et retirai mon masque de Zorro.
– T'es dingue, Bobbie, dit-elle en mâchant son pop-corn. Moi, je le ferai pas.
– Arrête, Alexia. Il faut toujours que tu discutes !
– Et toi, pourquoi tu fais l'imbécile comme ça ? D'abord, tu frappes à la porte de cette vieille sorcière, et maintenant tu regardes la pleine lune !
– Je veux juste rigoler un peu. C'est la nuit de Halloween, tout de même !
Alexia me lança un regard noir :
– Peut-être que je ne tiens pas à attraper la fièvre de la pleine lune…
J'éclatai de rire :
– Parce que tu y crois, toi, à l'histoire de Grand-père ?
– Bien sûr que non, c'est des bêtises. Mais j'ai envie de rentrer à la maison, au chaud, et me bourrer de bonbons, tu comprends ça ?
– Ça ne prendra qu'une seconde, dis-je en lui barrant le chemin.
Alexia soupira :
– T'es vraiment trop bête, Bobbie ! Bon, d'accord, une seconde, et après, on rentre.
– Très bien. Laisse-moi faire.
Je la fis tourner sur elle-même jusqu'à ce qu'elle soit face à la lune, puis je me postai près d'elle :
– Lève simplement les yeux, Alexia.

– C'est nul…, protesta-t-elle.
Mais elle obéit.
Rejetant la tête en arrière, nous fixâmes la lune ronde, brillante, la pleine lune de la nuit de Halloween.
Une seconde. Deux. Trois…
Soudain, un frisson me secoua violemment tandis qu'une vague de lumière me recouvrait tout entier, une lumière blanche, froide, atrocement froide…

9

Je sentis une forte secousse, comme si j'avais reçu une décharge électrique.
La lumière blanche m'enveloppait, aveuglante. Je n'y voyais plus. J'étais comme paralysé.
J'entendis Alexia hurler :
– Nooooon !
J'ouvris la bouche pour l'appeler, mais aucun son n'en sortit.
Alors, lentement, la lumière déclina, puis s'éteignit.
J'étais en sueur, et je me sentais glacé. Mon T-shirt, trempé, collait à ma peau.
Les maisons, la rue, les arbres réapparurent lentement, ombres plongées dans l'obscurité.
Je tremblais comme une feuille et claquais des dents.
– Alexia..., réussis-je à murmurer.
Oh, que j'étais mal ! Une horrible nausée me tordait l'estomac.
– Malade..., marmonnai-je en tombant à genoux. Je suis malade...

La tête me tourna. Le sol sembla se relever, monter brusquement à ma rencontre.
Je heurtai le pavé froid et dur, et tout devint noir.

Je clignai plusieurs fois des yeux, tentant de me réveiller, m'efforçant de relever la tête.
Soudain, je fus de nouveau aveuglé par une vive lumière.
Où étais-je ? Étendu sur le dos, je distinguai une fenêtre garnie de rideaux. Des rayons rose et or rebondissaient sur la vitre.
Le soleil du matin…
« Je suis dans mon lit, compris-je. Je suis à la maison ! Sain et sauf. J'ai rêvé. J'ai fait un cauchemar… »
Je soupirai en regardant le gai soleil matinal. J'eus subitement envie de rire, de pousser des cris de joie.
Un rêve, c'était un rêve !
Je voulus m'asseoir.
Alors ma bouche s'ouvrit sur un hurlement de terreur.

10

Ma couverture ! Mes draps ! Ils étaient en lambeaux. Griffés. Lacérés. Déchirés.

– Non…, soufflai-je d'une voix étranglée.

Sautant du lit, j'examinai le désastre.

Et mon oreiller ? Il était couvert de…

De quoi ?

De poils noirs, durs. Il y en avait partout, sur l'oreiller, sur les draps.

Que s'était-il passé ? Le souffle court, je clignai des yeux dans la lumière crue du matin, face à cette vision d'horreur.

Des traces de pas boueux sur la moquette bleu pâle allaient de la porte à mon lit. Les empreintes d'un animal.

Haletant, je me levai, traversai ma chambre pour me regarder dans le miroir.

Je hurlai : Impossible. C'était impossible !

Là, dans le miroir, je voyais le reflet d'un monstre. C'était moi, pourtant. C'était bien mes cheveux

noirs, et raides, mais le reste…
Mon nez s'était transformé en museau, un long museau de loup aux larges narines humides. En ouvrant les mâchoires, je découvris deux rangées de dents jaunes et luisantes.
Je levai les bras. Ils étaient encore humains ; mes mains, mes doigts étaient humains, mais recouverts d'une épaisse toison noire. Des touffes de poils se dressaient sur ma peau.
Mes yeux ? Ils n'avaient pas changé. Toujours bleu clair.
Mais – oh, quelle horreur ! – mon corps était celui d'un monstre !
La fièvre de la pleine lune !
C'était vrai. Tout était vrai. Grand-père n'avait rien inventé.
La fièvre de la pleine lune. Je l'avais attrapée !
Hier, j'avais fixé l'astre rond lors de la nuit de Halloween, et sa lumière maléfique m'avait enveloppé.
Maintenant, j'étais devenu cette créature hideuse, mi-homme, mi-bête.
Et Alexia ?
Respirant avec peine, je me détournai du miroir.
Mes pieds poilus se prirent dans le tapis. Je trébuchai en grognant, retrouvai l'équilibre en me rattrapant à mon lit dévasté.
Mes bras de bête heurtèrent l'encadrement de la porte quand je sortis de ma chambre.
Je haletai. Mes dents s'entrechoquaient, les ongles griffus de mes orteils s'accrochaient à la moquette.

Je longeai le couloir et m'arrêtai devant la chambre d'Alexia.
Avait-elle été touchée elle aussi par la malédiction ?
Levant un poing hirsute, je frappai à sa porte.

11

Rien. Aucun bruit. Je frappai de nouveau.
J'entendis un craquement et vis le bois de la porte qui se fendait.
Je regardai mon poing. Mon horrible poing velu qui, désormais, avait une force surhumaine.
Je tentai d'appeler ma sœur, mais ne pus émettre qu'un grognement indistinct :
– Aaaggrr…
– Grrr…, entendis-je de l'autre côté de la porte.
Oh, non !
Je fermai les yeux. Alexia aussi avait attrapé la fièvre !
– Laisse-moi entrer ! tentai-je d'articuler.
Ma langue épaisse s'emmêla dans mes crocs, et les mots se transformèrent en sons incompréhensibles :
– Llll mooo !
Derrière la porte, Alexia émit une plainte douloureuse et terrifiée :
– Vvva t'en !

– Nnnnooon ! grognai-je.
Je cognai du poing le battant, qui se fendit en deux, et j'entrai en brisant le bois comme s'il s'agissait d'allumettes.
Alexia se tenait voûtée face à son miroir. Respirant bruyamment, elle me regarda. Elle aussi avait toujours ses jolis yeux bleus.
Rien que ses yeux. Comme moi.
Elle agita furieusement ses poings poilus au-dessus de sa tête. Puis, poussant un rugissement de rage, elle se jeta sur moi, me labourant la poitrine à coups dc griffes.
Tout était ma faute. J'avais été stupide. Je comprenais ce qu'elle ressentait.
Mais comment aurais-je pu imaginer que l'histoire de Grand-père était vraie ? Comment aurais-je pu deviner que cette fièvre de la pleine lune pouvait nous atteindre ? Grand-père avait affirmé qu'il avait tout inventé !
Alexia me frappait, grognait, claquait des mâchoires. J'essayai de la repousser sans lui faire de mal, mais elle revenait à la charge, me poussant dans le couloir. Je l'emprisonnai à deux bras pour la ramener dans la chambre.
On se battait comme des bêtes, se roulant par terre. La table de nuit renversée heurta le sol avec fracas. Le bruit nous immobilisa tous deux.
Les pattes avant sur les genoux, je luttai pour retrouver mon souffle.
– Que ffffairre ? demanda ma sœur, hors d'haleine.

Je secouai la tête.
– Mammmannn ! grogna-t-elle.
Oui. Il fallait tout dire à papa et maman. Tout leur expliquer pour qu'ils puissent nous aider. Il n'y avait pas d'autre solution.
Nous franchîmes la porte fracassée pour filer dans le couloir.
Nous descendîmes l'escalier d'un pas lourd sans pouvoir retenir nos grognements.
Traînant nos corps monstrueux, nous nous dirigeâmes vers la cuisine.
– Mammmannn ! criai-je, la voyant près de l'évier. Mammmannn !
Elle se tourna vers nous.

12

Je crus que ses yeux allaient sortir de leurs orbites. Maman laissa tomber la tasse qu'elle avait à la main, et qui se fracassa sur le carrelage. Une flaque de café s'étala à ses pieds.

– Que… qu'est-ce… qui êtes-vous ? bredouilla-t-elle, horrifiée.

– Mammmannn ! C'est mmmoi ! essayai-je d'expliquer en agitant mes bras poilus.

Seulement je n'arrivais pas à maîtriser ma langue, mes dents, mon souffle rauque. Mes mots se transformaient en grognement de bête.

Maman ouvrit la bouche et poussa un cri de terreur.

– Sortez d'ici ! hurla-t-elle, tout son corps secoué de tremblements nerveux. Vous êtes des monstres ! Sortez ! Fichez le camp !

Elle avait saisi un balai et le brandissait devant elle comme une arme :

– Dehors !

Comme nous ne bougions pas, elle se mit à hurler à pleins poumons :
– Au secours ! Au monstre ! Aidez-moi !
Il fallait lui expliquer, lui prouver qu'on était ses enfants, Alexia et Bobbie. Il fallait lui raconter l'histoire de la fièvre de la pleine lune. « C'est nous, Alexia et Bobbie ! voulus-je lui dire. N'aie pas peur ! Nous ne sommes pas des monstres ! Tu dois nous aider ! »
Mais je ne parvenais pas à prononcer un mot. Et ses hurlements me vrillaient les oreilles, me donnaient mal à la tête.
Soudain, maman me frappa à l'estomac avec le balai. Alors un rugissement furieux sortit de ma poitrine. M'emparant du manche, je le lui arrachai des mains et le brisai sur mon genou comme une vulgaire branchette.
Alexia balaya d'une main velue la table dressée pour le petit déjeuner. Les bols, les verres, les couverts, tout alla s'écraser contre le mur.
Nous ne pouvions plus contrôler notre colère. Nous étions des bêtes !
Bouche bée, maman cessa de crier, le dos plaqué au mur, une expression d'horreur sur le visage. D'une petite voix plaintive, elle supplia :
– S'il vous plaît… laissez-moi…
Pour toute réponse, Alexia passa son poing à travers la vitre de la porte du placard. Le verre éclata et dégringola sur le carrelage avec un tintement sinistre.

– Maman, aide-nous ! répétai-je. On ne veut pas tout casser, mais on ne peut pas s'en empêcher !

Au lieu de ça, un grondement sortit de ma gueule de loup.

Pétrifiée de terreur, maman nous fixait d'un œil halluciné.

– S'il vous plaît, gémit-elle. S'il vous plaît, allez-vous-en…

Elle fonça vers le téléphone.

– Police ! Au secours ! cria-t-elle. Passez-moi la police !

Une nouvelle vague de colère me submergea. Traversant la cuisine en trois enjambées, je lui pris le combiné des mains et arrachai le téléphone du mur. Maman hurla.

Tout ce que je ressentais, c'était de la rage. Une rage brûlante qui me faisait grogner, grincer des dents. Debout au milieu de la cuisine, je haletais comme une bête ; la bête que j'étais devenu !

Alexia s'en prenait maintenant au réfrigérateur à grands coups de tabouret.

« Il faut partir d'ici, me dis-je. Maman ne nous reconnaît pas, et nous avons déjà à moitié démoli la cuisine… Et si on commettait l'irréparable ? Si on blessait maman ? »

Non ! C'était impensable. Saisissant Alexia par le bras, je tentai de l'éloigner du réfrigérateur.

Ma sœur résista, me jetant un regard soupçonneux mêlé de colère. Sans y prêter attention, je la traînai vers la porte de la cuisine donnant sur l'arrière-cour.

Une minute plus tard, nous traversions le jardin au galop. Je courais voûté, les bras traînant presque par terre.
Mon estomac grondait. J'avais faim.
Le soleil s'était caché derrière des nuages sombres et gonflés de pluie qui s'amassait en bas dans le ciel.
L'air frais sur mon visage me fit du bien.
Quel bonheur de courir !
De courir, de grogner, de souffler !
En traversant les jardins voisins, on tâchait de rester hors de vue, de se cacher derrière les clôtures et les haies.
Où courions-nous ? Qu'allions-nous faire maintenant ? Je n'en avais aucune idée.
J'étais totalement incapable de réfléchir. Devant mes yeux flottait un brouillard rouge.
Nous nous jetâmes à quatre pattes sur un tapis de feuilles mortes et fonçâmes vers un bouquet de buissons.
Nous courions ainsi quand, quelques maisons plus loin, je vis des enfants qui allaient à l'école, cartable sur le dos.
Je m'attendais à leurs cris de frayeur, mais ils continuèrent leur chemin. Ils ne nous avaient pas vus !
Ils n'avaient pas vu les deux créatures hideuses qui ne savaient que fuir.
Et puis la faim prit le dessus. Mon estomac grondait. Manger… Je devais manger ! Je ne pensais qu'à ça.
Je ralentis et me mis à marcher. Alexia m'imita. Sa

langue pendait sur le côté de sa gueule.

D'un regard, je balayai le trottoir. À travers le brouillard rouge, j'aperçus une ombre au pied d'un arbre.

Bientôt l'ombre se précisa : un écureuil !

Je ne pris pas le temps de réfléchir, poussé par un instinct animal.

Je m'élançai. J'agrippai l'écureuil avant qu'il n'ait eu le temps de réagir. Mes mains se refermèrent sur son petit corps soyeux.

Je le sentis trembler alors que je l'approchais de ma bouche.

Soudain, Alexia bondit et m'arracha l'écureuil des mains en faisant claquer sa langue. Je grognai.

– Partageons-le ! Partageons-le ! tentai-je de lui dire.

Ma sœur n'écoutait pas. Elle se mit à dévorer la petite bête. Les os craquaient sous ses dents.

– Ooooh ! grognai-je, écœuré.

Mais la faim fut la plus forte. Je me ruai sur ma sœur pour avoir ma part.

Qu'étions-nous devenus ?

Nous avions besoin d'aide.

Mais où la trouver ?

13

L'écureuil avait un peu calmé notre faim. Nous n'étions pas fiers de nous, mais notre instinct de bête était plus fort que le remords.
Alexia et moi tentâmes de communiquer pour échafauder un plan. Nous commencions à mieux contrôler les mouvements de notre museau, de notre langue. Peu à peu, nos grognements se transformèrent en mots articulés. Je répétais, encore et encore, mon nom jusqu'à ce qu'il devienne compréhensible.
Dissimulés derrière une grande haie, nous nous efforçâmes de réfléchir.
– Grand-père pourrait nous aider, dis-je. Il est le seul à avoir entendu parler de la fièvre de la pleine lune.
– Crois-tu qu'il connaît le remède ? demanda Alexia.
– Il est notre seul espoir, murmurai-je en me grattant la tête. Mais comment aller jusque chez lui ?
Notre grand-père vivait dans la ville voisine, distante d'une quarantaine de kilomètres.

Ma sœur pencha la tête, pensive.
– Maggie, murmura-t-elle enfin.
Je la regardai en plissant les yeux.
– Maggie ? Mais elle ne sait pas conduire !
– Clay. Lui, il sait.
En effet. Son frère, Clay, qui avait dix-huit ans, savait conduire. Et il avait une voiture. Maggie arriverait peut-être à le convaincre de nous amener chez Grand-père. En tout cas, ça valait la peine d'essayer.
Restant hors de vue, nous longeâmes les buissons et les haies des maisons pour rejoindre le pavillon de Maggie.
Des feuilles mortes s'accrochaient à ma fourrure, mais je n'y prenais pas garde. Je ne pensais qu'à Grand-père, à Clay, à Maggie.
Lorsque nous arrivâmes chez elle, nous étions complètement essoufflés. Mon estomac me torturait. J'avais terriblement faim. Combien d'écureuils devrais-je dévorer pour me rassasier ?
Soudain, je poussai un grognement de colère en voyant une voiture faire marche arrière dans l'allée. Maggie, avec son père. Il la conduisait à l'école ! On l'avait manquée.
– Courons vers l'école pour la rattraper ! criai-je à ma sœur.
Alexia secoua la tête et me retint par le bras :
– Pas question ! On ne peut pas aller à l'école. On ferait peur à tout le monde.
Je me dégageai. Elle avait raison, mais un nœud de rage me nouait la gorge.

Pourquoi cette chose horrible nous était-elle arrivée ? On était des enfants normaux, pas des monstres ! Si seulement je n'avais pas été si stupide ! Si seulement je n'avais pas regardé cette maudite pleine lune, obligeant Alexia à faire comme moi !

– On l'attendra devant l'école, de l'autre côté de la rue, lui dis-je. Quand Maggie sortira, on lui parlera.

Alexia, d'accord avec moi, ajouta :

– On peut se cacher dans un jardin en attendant la fin des cours.

Un quart d'heure plus tard, on était en face de notre école, à l'abri des regards indiscrets. Je m'accroupis contre le tronc d'un vieil arbre, Alexia se pelotonna derrière un buisson au feuillage épais.

Nous nous mîmes à observer les enfants qui entraient à l'école. Des enfants normaux, des enfants heureux. Ils parlaient probablement de Halloween, des moments formidables qu'ils avaient passés, de tous les bonbons qu'ils avaient récoltés hier soir.

Les bonbons…

Mon estomac gargouillait. J'avais faim. À genoux, je creusai le sol à la recherche de vers de terre.

Grognant de joie, je les enfournai un à un dans ma gueule.

Ce n'était pas très bon, mais je n'avais pas le choix. J'avais trop faim.

– On n'est pas en sécurité ici, gronda Alexia.

En levant les yeux, je vis qu'elle mangeait des vers, elle aussi.

– Quelqu'un va finir par nous voir, reprit-elle. On

va attendre Maggie ailleurs, dans une arrière-cour. Je bondis à quatre pattes, suivant ma sœur, qui faisait le tour d'une maison. J'espérais qu'il n'y aurait personne à l'intérieur.

J'aperçus une petite cabane à outils au fond de l'arrière-cour.

Nous étions en train de contourner le garage quand je trébuchai sur un râteau et allai m'écraser contre le mur.

– Rrrraaaaaah !

Un grognement de douleur et de colère mêlées monta du fond de ma gorge. La rage me submergea. M'emparant d'un vélo d'enfant, je le tordis entre mes mains. C'était si bon !

– Je suis un monstre ! beuglai-je.

Je lançai le poing à travers la fenêtre du garage. Le fracas du verre brisé sonna à mes oreilles comme une musique.

En me retournant, je vis qu'Alexia me faisait des signes de la main, m'enjoignant de me taire.

– Mais je suis un monstre !

– Bobbie, non !

Trop tard. La porte de la cuisine s'ouvrit à la volée, et un homme d'âge moyen, plutôt gros, vêtu d'une chemise à carreaux et d'un pantalon kaki, sortit en courant, le visage rouge de colère.

– Hé ! hurla-t-il. Qu'est-ce que c'est que ce vacarme ?

Je lui adressai un grognement sauvage.

L'homme se figea, bouche bée. Hypnotisé, son regard allait d'Alexia à moi.

– Que… qui êtes-vous ?
Ma poitrine se gonflait de colère, ma vue était brouillée. Rouge. Je ne voyais que du rouge.
Je me tournai vers ma sœur.
– Attrapons-le ! grognai-je en m'élançant vers l'homme.
– Nooon ! cria-t-il. Au secours ! À l'aide !
Esquivant mes pattes griffues, il saisit le râteau qui traînait par terre et l'agita d'un air menaçant.
Soudain, il l'abattit furieusement, et les dents de métal cognèrent la tête d'Alexia.
Ma sœur poussa un cri de douleur. Ses genoux fléchirent, ses yeux cernés de fourrure se révulsèrent, et elle s'effondra dans l'herbe.
– S'il vous plaît, s'il vous plaît, suppliait à présent l'homme, terrifié. Allez-vous-en ! Partez, je vous en prie !
– Alexia ! Lève-toi !
Ma sœur ne bougeait plus. Elle restait étendue, face contre terre.
– Partez ! Partez ! glapit l'homme.
Tout à coup, il me chargea, m'envoyant son râteau à la tête.
Je laissai ma sœur, et je me ramassai sur moi-même, me préparant au combat.
Un combat à mort.

14

J'évitai d'un bond les dents meurtrières et ouvris la gueule en un rugissement furieux.

Et je plongeai, frappant de toute la force de mes deux poings de monstre.

Mais l'homme para mes coups, levant de nouveau le râteau.

Quand il me toucha au flanc, la douleur me coupa le souffle. Je reculai vers le mur du garage en titubant.

Profitant de ma faiblesse, mon agresseur chargea encore. Avec le râteau qu'il tenait à deux mains, il me plaqua contre le mur.

Piégé. J'étais piégé !

Et Alexia qui gisait par terre, inconsciente !

De la sueur perlait sur le front de l'homme alors qu'il appuyait le manche contre mon estomac.

Piégé… piégé…

Je pris une profonde inspiration ; puis, poussant un grondement féroce, je saisis le râteau.

L'homme émit un hoquet de surprise.

Je lui arrachai le manche et le brisai.
Tremblant de peur, l'homme recula.
Je bondis en grognant, plongeant mes dents acérées dans la chair de son bras.
Il hurla de douleur. Lorsque je le lâchai, il tomba à genoux, tenant son bras meurtri. Impuissant, il recula à quatre pattes, comme un animal.
Je ne le quittai pas des yeux jusqu'à ce qu'il disparaisse dans la maison.
Grognant d'inquiétude, je me penchai vers ma sœur.
Par bonheur, elle commença à remuer. Puis elle ouvrit les yeux :
– Bobbie ? On est… on est encore des monstres ?
Je hochai la tête. Je voulus la relever, mais elle refusa mon aide.
– Je… je vais bien, murmura-t-elle.
Grâce à mon ouïe fine je perçus la voix de l'homme. Il téléphonait à la police.
– Il faut partir, dis-je en chassant les brins d'herbe et les feuilles mortes collés à ma fourrure. Il faut se cacher ailleurs.
Prenant Alexia par la main, je l'entraînai vers la clôture.
Elle était haute, bien plus haute que nous ; mais nos jambes avaient une vigueur toute nouvelle.
Je bondis et me reçus souplement au sommet de la clôture. Alexia y parvint aussi facilement que moi.
L'instant d'après, nous avions sauté dans l'arrière-cour de la maison voisine et nous reprenions notre galop de bêtes.

– Où allons-nous ? demanda ma sœur sans s'arrêter.
– Essayons de nous cacher près de chez Maggie, suggérai-je, essoufflé.
La ruelle que nous parcourions débouchait dans une large avenue à deux voies de circulation. Nous la traversâmes en trombe.
On entendit des crissements de pneus. Une voix de femme qui hurlait. Un fracas de verre et de métal froissé. Des cris, encore des cris.
Sans regarder en arrière, nous débouchâmes dans un parc vide aux arbres nus. Soudain, j'aperçus deux oiseaux. Je tentai désespérément de me persuader qu'il fallait d'abord me mettre à l'abri du danger, et ne pas penser à assouvir ma faim.
Mais où serions-nous en sécurité ? Des gens nous avaient vus. Bientôt, nous aurions la police à nos trousses.
Quelle aubaine ! Deux monstres sauvages et sans pitié.
Où se cacher ?
On ne pouvait pas attendre Maggie toute la matinée dans son jardin. Je n'avais aucune confiance en notre instinct de bête. Nous étions capables de détruire tout ce qui se trouvait sur notre chemin.
Déjà j'entendais des sirènes hurler au loin.
Bientôt la maison en briques de Maggie apparut.
Alexia et moi ralentîmes, puis nous arrêtâmes.
Les sirènes se rapprochaient.
Perchés sur le toit, deux ouvriers en bleu de travail nettoyaient les gouttières.

– Ils vont nous voir ! soufflai-je. On ne peut pas rester ici !
– Mais où aller ? rétorqua ma sœur.
C’est alors que nous vîmes, en même temps, une plaque d’égout.
– Les égouts ! m’exclamai-je.
Alexia poussa un grognement de désapprobation :
– Jamais je n’entrerai là-dedans !
Les sirènes devenaient assourdissantes.
Quelque part, une femme hurla.
– C’est ça, ou on est fichus ! murmurai-je.
Profitant de ma nouvelle force, je saisis la plaque à deux mains et la fis glisser sur le trottoir.
Alexia se faufila à contrecœur dans le trou. Je la suivis, puis remis la plaque à sa place.
Une odeur repoussante nous saisit à la gorge.
Mais nous n’avions pas le choix. Il fallait avancer dans cette obscurité nauséabonde, humide et froide.
– Est-ce que… est-ce qu’on sera en sécurité ici ? gémit Alexia.
Je ne l’écoutais pas. Mon attention était attirée par le bruit des gouttes d’eau. Plic, plic…
Et le couinement d’un rat !

15

Nos yeux s'habituèrent très vite aux ténèbres. Juchés sur une étroite corniche en béton, nous regardions un filet d'eau noirâtre qui coulait lentement à nos pieds.

– C'est dégoûtant ! s'exclama Alexia, son dos velu collé contre le mur de béton. Je veux sortir d'ici !

Au-dessus de nos têtes, des sirènes hurlaient, des gens criaient.

– Il faut rester caché, lui dis-je. Si on est capturés avant que Maggie rentre chez elle…

Je n'osai pas continuer.

Accroupi, je me penchai vers l'eau, cherchant quelque chose à manger.

Je ne trouvai que quelques insectes, autant dire rien. Alexia, plus chanceuse, dénicha une bête morte, qu'elle dévora. Puis elle leva vers moi un regard plein de honte et de tristesse :

– Je ne veux pas être un monstre ! C'est horrible, c'est répugnant…

– Maggie nous sortira de ce pétrin, lui promis-je. Elle nous conduira chez Grand-père. Et lui connaît le remède contre la fièvre de la pleine lune.
Au-dessus de nous, les sirènes s'éloignaient.
Nous restions là, silencieux, regardant l'eau sale et puante. Il faisait froid. Nous attendions ; nous ne pouvions rien faire d'autre qu'attendre.
Quand il fut trois heures et demie à ma montre, je remontai vers la plaque d'égout, la soulevai et la fis glisser sur le côté.
Aveuglés par la lumière, Alexia et moi sortîmes de notre trou, étirant nos muscles engourdis, laissant la bonne chaleur du soleil nous réchauffer.

Je remis la plaque en place et me tournai vers la maison de Maggie.
Les ouvriers étaient partis. Plus bas, deux gamins sortaient d'une voiture, de retour de l'école avec leur mère. Une camionnette bleue tourna dans la rue, dans notre direction.
– Viens, dis-je en prenant ma sœur par le bras, cachons-nous. On n'a pas attendu tout ce temps pour se faire prendre maintenant !
Nous nous faufilâmes vers la maison de Maggie pour nous dissimuler derrière les arbres.
– J'espère qu'elle va revenir bientôt, murmura Alexia.
– J'espère surtout qu'elle nous comprendra, rétorquai-je. Et qu'elle nous croira...
– Elle nous reconnaîtra, affirma Alexia en se léchant

les babines. Je suis sa meilleure amie ! Elle n'aura pas peur.

À cet instant, Maggie déboucha au coin de la rue. Elle marchait lentement, son sac sur le dos. Quand elle prit la petite allée menant à son pavillon, Alexia cria :

– Magggggie !

Et elle bondit de derrière les arbres.

Maggie s'arrêta net. Son sac glissa de ses épaules, tomba par terre.

– Magggggie ! répétait ma sœur. C'est moi !

Avec un hurlement de terreur, Maggie fit demi-tour et s'enfuit à toutes jambes.

16

– Maggiiiiiie ! Attends ! cria Alexia en s'élançant à la poursuite de son amie.
Mais celle-ci dévalait la rue en appelant au secours. C'était fichu !
Juste avant de tourner au coin de la rue, Alexia attrapa son amie en un bond prodigieux et la plaqua sur le pavé.
– Non, non, laissez-moi ! gémit la pauvre fille en se débattant. Ne me faites pas de mal, je vous en supplie !
– C'est moi, Maggie, c'est moi ! criait ma sœur en essayant d'adoucir son affreuse voix de monstre.
Je les rejoignis, haletant :
– Maggie, n'aie pas peur ! Regarde mes yeux ! insistai-je, penché au-dessus d'elle. Regarde les yeux d'Alexia ! Nos yeux n'ont pas changé. C'est nous, Bobbie et Alexia.
Elle cessa brusquement de se débattre, interloquée :
– Hein ? Bobbie ?
– Mes yeux, répétai-je. Regarde mes yeux !

Maggie nous examina l'un après l'autre, et sa terreur laissa peu à peu la place à la stupéfaction.

– Bobbie ? Alexia ? fit-elle d'une toute petite voix.

Ma sœur se redressa et aida Maggie à se relever.

– Mais... mais..., balbutiait Maggie, incrédule. Qu'est-ce que...

– Il faut nous aider, lui dis-je en lui tendant son sac à dos, que j'avais ramassé.

– Oh, mon Dieu ! Que vous est-il arrivé ?

– On a attrapé la fièvre de la pleine lune, répondit ma sœur. Il faut que tu nous aides !

Secouant la tête comme pour se débarrasser d'un cauchemar, elle demanda :

– C'est... c'est quoi, ça ? Ça fait mal ?

– On n'a pas le temps de t'expliquer, chuchota Alexia.

– Il faut absolument qu'on retrouve nos corps humains, ajoutai-je.

Maggie, un peu rassurée, nous permit de l'accompagner. Mais elle continuait de remuer la tête en nous regardant d'un air perplexe.

– Tu vas nous aider, dis ? supplia Alexia.

– Je veux bien, mais... qu'est-ce que je peux faire ?

Comme nous entrions chez elle, j'entendis de la musique à l'étage.

– Ton frère est à la maison, dis-je. Il faut qu'il nous conduise chez notre grand-père. Seul Grand-père sait comment nous guérir.

– S'il te plaît, gémit ma sœur en saisissant le bras de son amie.

Maggie ne put retenir un mouvement de répulsion.
– Je t'en prie, insista Alexia. Demande-lui. Demande-lui de nous conduire chez Grand-père.
Après un instant d'hésitation, Maggie finit par acquiescer :
– D'accord… Je vais lui parler.
– Merci ! s'écria Alexia.
Elle voulut embrasser son amie, mais celle-ci recula vivement. Il faut dire qu'Alexia était vraiment effrayante.
Moi, ne pensant qu'à mon ventre, je profitai d'un moment d'inattention de Maggie pour plonger la main dans l'aquarium qui se trouvait dans l'entrée et je dévorai deux gros poissons rouges.
J'avais faim, tellement faim !
Je tendais le bras pour en pêcher un autre quand les hurlements de Maggie m'arrêtèrent. Elle avait vu mon manège ! Maintenant, elle poussait Alexia vers la porte.
– Sortez ! Fichez le camp de chez moi ! criait-elle, dégoûtée et furieuse.

17

La musique venant de l'étage cessa brusquement. Des pas précipités résonnèrent dans l'escalier.

Clay ?

Instinctivement, ma sœur et moi nous élançâmes vers la porte.

– Sortez ! hurlait Maggie. Dehors !

Nous déboulâmes en trombe sur le perron, et elle claqua la porte derrière nous. Nous entendions encore ses cris hystériques.

Alexia resta plantée face à la maison. Elle regarda autour d'elle.

Avisant une grosse citrouille trônant près de l'entrée, elle en arracha un morceau et le balança sur la porte avec rage. Puis elle replongea la main dans le légume, elle prit une pleine poignée de chair, qu'elle mangea goulûment. Mon estomac grondait tellement que j'en fis autant.

Le museau barbouillé de jus poisseux, nous reprîmes notre course éperdue, nous dissimulant de notre

mieux derrière les arbres et les haies.
Nous nous arrêtâmes derrière un garage pour reprendre notre souffle.

– Tu as tout gâché ! explosa Alexia. Maggie était prête à nous aider ! Mais il a fallu que tu manges ses poissons !

– Je n'ai pas pu m'en empêcher, haletai-je. J'avais trop faim !

– Nous sommes des animaux ! Rien que des animaux dégoûtants !

Je passai une main sur mon visage pour enlever les débris de citrouille.

– Je sais, dis-je tristement. J'ai mordu cet homme au râteau. Tu te rends compte ? Je l'ai mordu !

– Et moi, j'ai mangé une sale bestiole d'égout, murmura Alexia. Et... et j'ai aimé ça !

Je fermai les yeux et imaginai nos parents. Ils devaient être tellement inquiets ! Inquiets et affolés. Maman croyait sûrement que les monstres qui l'avaient attaquée ce matin avaient enlevé ses enfants !

Fallait-il rentrer à la maison et essayer de nous expliquer ?

En regardant Alexia, je vis qu'elle réfléchissait aussi.

– On n'a pas le choix, dit-elle finalement. Il faut aller chez Grand-père à pied. On doit y aller, Bobbie. Le plus vite possible. Plus nous resterons dans cet état...

Sa voix s'éteignit.

– D'accord. Attendons la nuit, et on se mettra en route. On y arrivera, même si ça doit nous prendre des heures.

Cela devait nous prendre toute la nuit. Longeant la route nationale, nous marchions dans les hautes herbes du bas-côté. Dès qu'une voiture passait, nous nous jetions dans le fossé. La police était sûrement à nos trousses, nous ne pouvions prendre aucun risque.

Nous avions marché depuis plusieurs heures quand une camionnette surgit et nous doubla en rugissant. Nous n'eûmes que le temps de nous aplatir dans le fossé. Soudain, le véhicule freina violemment et dérapa dans un grand crissement de pneus.

– Ils nous ont vus ! soufflai-je en me plaquant sur le sol glacé. On est faits comme des rats.

Mais, à notre grand soulagement, la camionnette redémarra et s'éloigna.

– Que s'est-il passé ? grondai-je, le cœur battant.

Un coup d'œil sur la chaussée nous apprit pourquoi le chauffeur avait freiné si brutalement : un lapin gisait au beau milieu de la route. La bête avait dû jaillir au dernier moment. Le conducteur avait pilé pour l'éviter ; trop tard.

Je ramassai l'animal sans vie. Son corps était encore chaud.

– Tu veux les cuisses ou le râble ? demandai-je à Alexia.

La viande n'était pas mauvaise bien qu'un peu dure. En croisant le regard d'Alexia, je compris que ma sœur n'était pas fière. Je ne l'étais pas plus qu'elle. Mais nous avions tellement faim !

– On est presque arrivés, dis-je en me remettant en

route. Allez, viens, nous allons bientôt sortir de ce cauchemar.

Quand la maison de Grand-père apparut devant nous, le jour se levait. Une rosée glacée recouvrait la forêt, et nous grelottions.

Je frappai à la porte. À l'intérieur, le silence régnait.

– Il est très tôt, Grand-père dort encore, marmonna Alexia.

– Réveillons-le.

Je martelai la porte à deux mains ; puis, rejetant la tête en arrière, je poussai un long hurlement de bête.

Après une longue attente, la porte s'ouvrit à la volée. Grand-père, tout ébouriffé, vêtu d'un pyjama blanc à rayures rouges, nous regarda d'un air ensommeillé.

– Aaaah ! s'exclama-t-il en tentant de fermer la porte.

Je fus plus vif que lui : je repoussai le battant et m'engouffrai à l'intérieur.

Grand-père recula en titubant. Il était terrifié.

Alexia se précipita derrière moi.

– Grand-père, c'est nous ! cria-t-elle.

Les yeux écarquillés, il restait plaqué au mur, incapable de prononcer un mot.

– C'est nous, Alexia et Bobbie !

– N'aie pas peur !

– Mais... mais..., bredouilla-t-il.

Son visage était aussi blanc que son pyjama.

– Grand-père, écoute-nous, insistai-je. Nous l'avons attrapée ! Nous avons attrapé la fièvre de la pleine lune !

– Quoi ?

Les yeux plissés, il nous examinait attentivement. Puis un large sourire éclaira son visage :

– C'est vous ! Alors ça, vous m'avez bien eu ! Vous portez vos costumes de Halloween ? Ils sont magnifiques !

– Écoute-moi, Grand-père ! répétai-je. Ce ne sont pas des costumes. Nous sommes devenus des monstres ! Des vrais monstres !

– C'est la fièvre de la pleine lune ! cria Alexia avec colère.

– Allons donc, fit-il en remuant la tête, ça ne prend pas, les enfants. C'était juste une histoire !

– Mais regarde-nous ! grondai-je. Je te dis que nous l'avons attrapée !

Grand-père resta muet. Il tendit une main hésitante, me saisit le bras et tira sur l'épaisse fourrure brune.

– Elle a l'air… vraie, murmura-t-il.

J'eus l'impression que les yeux allaient lui sortir de la tête.

– Oui, confirmai-je en hochant tristement la tête. Grand-père, tu es le seul à pouvoir nous aider.

– Tu dois nous soigner, ajouta Alexia. Maintenant !

– Mais… mais…, balbutia Grand-père. Vous ne comprenez donc pas ? Il n'y a pas de remède à la fièvre de la pleine lune !

18

– Pourquoi tu dis ça ? protesta Alexia. Regarde-nous ! Tu dois nous aider !

Grand-père haussa les épaules :

– Où voulez-vous que je trouve un remède à une maladie qui n'existe pas ? La fièvre de la pleine lune n'est qu'une histoire stupide, inventée par…

Il s'interrompit. Il cligna des yeux, passa une main dans ses longs cheveux blancs.

– Attendez, marmonna-t-il.

– Quoi ? demandai-je.

– Tu as une idée ? souffla Alexia.

Grand-père parla lentement, rassemblant ses souvenirs :

– Ça y est, ça me revient ! La vieille femme qui m'a raconté cette histoire… Elle a parlé d'un remède. La victime de la maladie doit patienter jusqu'à la pleine lune suivante, se tenir sous sa lumière et attendre le moment propice.

Ses yeux se mirent à briller d'excitation :

– Mais oui, c'est ça ! Le mois prochain, une nouvelle pleine lune apparaîtra…
– C'est trop long ! grondai-je, possédé par une rage incontrôlable.
Je poussai un rugissement furieux et fonçai à travers la pièce. Soulevant à deux mains le nouveau fauteuil, je le jetai par la fenêtre. Il fracassa la vitre et disparut au-dehors.
Ma sœur hurlait comme une bête.
Grand-père recula, trébucha sur le canapé, tomba sur les coussins, et resta là, se protégeant le visage de son bras maigre. Il avait peur ! Peur de nous, ses petits-enfants !
– Tu ne comprends donc pas ? cria Alexia. Nous sommes des monstres ! Nous tuons pour manger !
– J'ai mordu un homme, Grand-père ! J'ai mordu un homme ! Quelle atrocité vais-je commettre la prochaine fois ?
– Et la police nous cherche, ajouta ma sœur. Si elle nous attrape, nous ne pourrons rien faire pour essayer de guérir !
Penchés au-dessus de Grand-père, nous claquions des mâchoires ; de la bave coulait de nos babines.
– On ne peut pas attendre la prochaine pleine lune ! Tu dois nous aider maintenant ! grondai-je.
– Mais… mais que puis-je faire ? bredouilla le pauvre homme, impuissant et terrifié.

19

J'eus alors une idée :
– Emmène-nous chez la vieille femme !
– Ouiii ! s'exclama Alexia. La vieille femme dans les bois du Nord ! Celle qui t'a raconté cette histoire.
– Elle existe, elle, n'est-ce pas ? Tu ne l'as pas inventée ? demandai-je.
Grand-père hocha la tête :
– Oui, oui, elle existe. Mais…
Il lissait nerveusement ses cheveux blancs.
– Mais quoi ? grondai-je, sentant la colère bouillonner dans mes veines.
– Et si elle n'était plus là ? Et si je ne parvenais pas à la retrouver ? bredouilla-t-il. Et si elle ne connaissait aucun remède ?
– Il faut essayer ! C'est notre seule chance !

Grand-père sortit toute la viande qu'il gardait dans son congélateur, et pendant que nous la dévorions

sans même avoir pris le temps de la faire dégeler, il donna quelques coups de téléphone.
Il appela d'abord nos parents, complètement affolés, pour les rassurer. Nous étions avec lui, nous allions bien, leur dit-il, et il nous ramènerait à la maison dans quelques jours.
– Je vous expliquerai tout ça plus tard, leur promit-il.
Puis il téléphona à une compagnie aérienne pour réserver des places, et enfin à une société de transport de marchandises.
Pendant ce temps, Alexia et moi grondions de plaisir en nous bourrant de viande. J'étais en train de me régaler d'un poulet congelé quand je vis Grand-père se diriger vers la porte.
– Où vas-tu ? demandai-je en recrachant un bout d'os.
– Je serai de retour dans une heure, répondit-il.
Quelques minutes plus tard, nous entendîmes sa camionnette démarrer et s'éloigner.
Tout à notre festin, nous y prêtâmes à peine attention.

Le lendemain, en arrivant à l'aéroport, il sortit de sa camionnette deux longues caisses grises. Voilà ce qu'il était allé acheter la veille !
– Grimpez là-dedans, dit-il. Vous voyagerez dans la soute à bagages.
Je reculai en grondant.
– Jamais on ne vous acceptera dans l'avion comme de simples voyageurs, expliqua-t-il. C'est la seule solution, mes enfants.

– Mais on va étouffer, là-dedans ! protesta Alexia.
Grand-père pointa les flancs des caisses.
– Il y a des trous d'aération, vous voyez ? Il y en a également dans le couvercle. Vous n'aurez aucun problème pour respirer. Allez, dépêchez-vous, montez avant que quelqu'un ne vous voie…
On n'avait pas le choix. On s'étendit dans les caisses, puis Grand-père rabattit les couvercles et ferma les loquets.
Malgré l'aération, je respirais difficilement. J'avais envie de rugir, de fracasser la caisse à coups de poing. Je détestais être enfermé – comme un animal en cage.
Un peu plus tard, j'entendis des voix et sentis qu'on me soulevait. À travers les trous, je vis des hommes en bleu de travail rangeant des bagages sur la remorque d'un petit véhicule.
Boum ! La caisse d'Alexia venait d'être posée sans ménagement sur la mienne.
Puis on roula. On se dirigeait vers les pistes situées derrière le terminal, où je distinguai la carlingue d'un avion.
On nous déposa sur un tapis roulant, qui montait directement dans la soute.
« Tout se passe bien, me dis-je en soupirant. Personne ne nous a vus. Nous serons bientôt en route pour trouver le remède à cette horrible fièvre de la pleine lune. »
Soudain un homme cria :
– Non ! Pas ces deux-là ! Ne prenez pas ces deux-là !

20

Une sueur glacée me coula le long du dos.
L'homme reprit :
– Ces deux-là doivent repartir au terminal, il y a un problème.
À cet instant, je sentis ma caisse atterrir brutalement dans la soute. Celle d'Alexia tomba à côté de la mienne. Ouf ! Il s'agissait d'autres bagages !
Dans cette soute sombre et froide, des chiens en cage aboyaient.
Avaient-ils faim ?
Ça me donna faim.
« Je mangerais bien un chien », pensai-je, l'estomac dans les talons.
Je plaquai les mains sur le couvercle et poussai.
Pouvais-je l'ouvrir et m'emparer d'un chien ou deux ?
Mmm…
Leurs aboiements me rendaient dingue.
– Bobbie, calme-toi ! m'ordonna Alexia depuis sa boîte.

Je me mis à rire :
– Tu lis dans mes pensées, maintenant ?
– J'ai faim, comme toi. Mais si on mange ces chiens, on risque d'avoir de graves problèmes.
J'émis un rugissement furieux.
– Si seulement ils pouvaient se taire ! m'énervai-je.
Soudain, les aboiements cessèrent, et nous entendîmes des gémissements. Mon hurlement rageur les avait effrayés.
– Bobbie ?
À travers les trous d'aération, je tentai de voir la boîte de ma sœur, mais il faisait trop sombre.
– Oui ?
– Bobbie, tu as peur ? Parce que moi, j'ai la trouille. J'ai vraiment la trouille.
Bien entendu, j'avais peur. Jamais je n'avais eu aussi peur. Pourtant, je refusais de l'admettre :
– Tout ira bien, Alexia. Ne t'inquiète pas.

– Nous sommes perdus... Complètement perdus ! soupira Grand-père.
On roulait dans une Jeep qu'il avait louée à l'aéroport. Depuis plus d'une heure, nous suivions une petite route serpentant dans les bois.
Le soleil venait de disparaître derrière les arbres quand la route se transforma en chemin de terre. On cahota sur ce sentier, qui déboucha brusquement sur un épais mur de pins.
Impossible d'aller plus loin.
Il fallait descendre de voiture et continuer à pied

en portant nos bagages.
Le ciel pourpre vira au noir ; l'air était froid et humide. Pas de lune ni d'étoiles pour nous guider. Le faisceau de la lampe-torche de Grand-père dansait devant, rebondissant sur les arbres, les rochers.
– Je me souviens d'être passé par là, ne cessait-il de répéter. Oui, oui… Je me souviens de cette falaise rocheuse de forme étrange. Je suis certain à présent que nous sommes sur le bon chemin… Le chemin qui mène au chalet de la vieille femme.
Seulement, quelques minutes plus tard, il n'était plus sûr de rien.
Finalement, nous fîmes une pause dans une clairière herbeuse.
Grand-père lissa ses cheveux en regardant les alentours.
– Je crois que nous sommes définitivement perdus, bredouilla-t-il.
Dans les arbres, des oiseaux de nuit hululaient ; les feuilles mortes craquaient sous les pas précipités de créatures nocturnes.
– Il devrait y avoir un autre sentier, chuchota-t-il en secouant la tête. Je suis désorienté…
– Pourquoi ne pas camper ici pour la nuit ? suggéra Alexia. On y verra plus clair demain. On peut…
– Attendez ! l'interrompis-je. Regardez ! Là-bas…
Je crus apercevoir une lueur orangée, à moitié dissimulée par le feuillage.
– Un feu ? demanda ma sœur.
La lueur vacillait.

– C’est bien possible, répondis-je.
– Allons voir, proposa Grand-père.
Nous traversâmes la clairière et nous aperçûmes au loin une maisonnette en bois.
Son unique fenêtre était éclairée.
– Est-ce le chalet de la vieille dame ? demandai-je à Grand-père en trottant à son côté.
Il se gratta la tête :
– Aucune idée. Je ne m’en souviens plus…
Arrivé aux abords de la maison, je mis une main en visière et scrutai l’intérieur à travers la vitre.
– Personne…, bredouillai-je. Je ne vois personne.
– Il y a forcément quelqu’un, rétorqua Grand-père. Le feu dans la cheminée…
– Un seul moyen pour le savoir, le coupa Alexia en s’avançant vers la porte.
Elle leva un poing et frappa plusieurs fois.
Silence.
Ma sœur grommela de colère. Elle frappa plus fort.
La porte de bois se mit à se fendiller.
Alexia frappa si fort que le battant céda, s’ouvrit à la volée…
Nous vîmes une petite dame aux cheveux blancs et vêtue d’une robe de chambre bleu foncé, qui nous tenait en joue avec un énorme fusil de chasse.
Un fusil aussi grand qu’elle !
– Fichez le camp ! hurla-t-elle. Fichez le camp ou je tire !

21

Grand-père vint se placer devant nous et bredouilla, confus :
– Ne… ne tirez pas ! Nous sommes venus vous demander votre aide. Vous m'avez accueilli chez vous l'année dernière quand je m'étais perdu, vous vous rappelez ?
Elle braqua son arme sur lui et le dévisagea, les yeux écarquillés de peur. Après l'avoir fixé un long moment, la vieille dame murmura :
– Oui… oui, je me souviens de vous.
Elle ne baissa pas son fusil pour autant :
– Pourquoi êtes-vous revenu ?
– Nous avons besoin de vous. Mes deux petits-enfants, là… vous voyez bien qu'ils ont un problème.
La vieille femme nous examina d'un air sévère, tandis que son visage se ridait comme un fruit sec.
Puis elle frissonna et se tourna vers Grand-père :
– Je ne comprends pas… Que leur est-il arrivé ?
– La fièvre de la pleine lune, répondit-il, le front

en sueur malgré la fraîcheur de la nuit. Ils l'ont attrapée !

– Mais… c'est l'histoire que je vous ai racontée !

– Ce n'est pas une histoire, rétorqua Grand-père. Cette maladie existe. Regardez mes petits-enfants ! Ils ont fixé la pleine lune le soir de Halloween.

Elle secoua vigoureusement la tête :

– Impossible ! Ce n'est qu'une histoire.

– Mais regardez-nous ! grondai-je. Ce n'est pas un costume ! Ce n'est ni de la fausse fourrure ni de fausses dents !

Serrant le canon de son fusil, la vieille femme recula d'un pas :

– Non, non, c'est impossible !

Elle se tourna vers Grand-père :

– Pourquoi êtes-vous revenu ? Que voulez-vous que je fasse ?

– Pouvez-vous les aider ? Y a-t-il un remède à cette malédiction ?

– Comment le saurais-je ? répliqua-t-elle sèchement. Pourquoi connaîtrais-je un remède à une maladie qui n'existe pas ?

Alexia et moi échangeâmes un regard découragé. « C'est sans espoir, me dis-je. Personne ne peut rien pour nous. »

La voix rauque de la vieille femme interrompit mes tristes pensées.

– Attendez ! Il y a quelqu'un qui aura peut-être la solution…

– Qui ? hurlai-je.

Mon cri animal la fit de nouveau frissonner.

– C'est ce vieux fou de docteur... Le docteur Thorne, répondit-elle pensivement. Il vit dans les bois, et les gens ont peur de lui. Son fils et lui-même sont très bizarres. Mais c'est votre seul espoir. C'était un véritable docteur, autrefois. En tout cas, c'est ce qu'il prétend.

– Comment le trouver ? demanda Grand-père.

La vieille femme désigna une direction de sa main tremblante.

– Suivez le sentier, sa maison n'est pas très loin.

– Merci, fit Grand-père en inclinant la tête. Merci pour votre aide, et excusez-nous de vous avoir dérangée.

Sans un mot de plus, la vieille femme ferma sa porte et mit le verrou.

La lune émergea de derrière un nuage pour éclairer notre chemin. J'avais repris espoir. « Ce vieux docteur connaît peut-être le remède, et ce cauchemar prendra fin. »

J'ignorais que le véritable cauchemar allait commencer.

22

La vieille femme avait affirmé que la maison du docteur n'était pas très loin ; pourtant il nous fallut marcher deux heures durant.
Lorsque, enfin, nous l'aperçûmes, la lune s'effaçait et l'horizon se teintait de rose.
C'était une maison basse, tout en longueur, en bois blanchi.
– Que fabrique-t-il avec tout ça ? se demanda Grand-père en montrant des filets accrochés à des bâtons. Il ne s'en sert certainement pas pour pêcher. Il n'y a pas de plan d'eau, par ici.
La maison avait été construite sur une pente douce, à l'ombre de pins majestueux. Alors que nous grimpions la petite côte, je vis une forme rouge vif dans l'herbe haute.
Un bateau ?
Avant même que je ne puisse ouvrir la bouche, un homme courtaud et grassouillet aux longs cheveux roux déboula d'une remise pour nous accueillir. Il

portait une salopette et un T-shirt blanc.
– Êtes-vous le docteur Thorne ? lança Grand-père.
L'homme lui répondit par un éclat de rire. Il balançait les bras, et son gros ventre rebondissait au rythme de ses pas. En nous voyant, Alexia et moi, il s'arrêta net.
– Waou ! s'exclama-t-il. Que vous est-il arrivé ?
– Êtes-vous le docteur Thorne ? répéta Grand-père.
L'homme secoua la tête, ce qui fit trembler son triple menton.
– Non, Monsieur. Je suis Thorne Junior, répondit-il sans lâcher du regard les monstres que nous étions devenus. Mon prénom est Roger, mais tout le monde m'appelle Loup.
– Loup ? s'étonna Grand-père. Pourquoi ?
– Aucune idée, répondit-il en riant de nouveau.
Désignant le bateau rouge, je lui demandai :
– À quoi sert ce bateau au milieu des bois ?
Il me fixa un instant et montra les arbres d'un geste ample :
– Un jour prochain, tout ce que vous voyez là sera recouvert d'eau.
– Quoi ? s'écria Alexia.
– Les pluies vont déferler, prédit-il, un étrange sourire aux lèvres. Les bois seront inondés, et il n'y aura ici qu'une rivière furieuse. Papa et moi sommes prêts à affronter tout cela.
Il donna un coup de pied dans la coque du bateau.
– Nous serons les seuls.
« Un fou », pensai-je.

Soudain, Loup tendit une main potelée et empoigna l'épaisse fourrure de ma nuque.
– Aïe ! protestai-je.
Il me relâcha rapidement, bouche bée.
– Mais… c'est de la vraie ! fit-il, stupéfait, en plissant ses petits yeux ronds. Vous êtes à moitié gorille ou un truc dans ce genre ?
Alexia poussa un grognement de rage. Elle s'avança, et je vis son corps entier se raidir, prêt au combat.
Et mon estomac gargouillait. J'avais faim.
– Je n'ai jamais mangé de la viande de loup…, murmurai-je en dévorant des yeux le ventre de ce curieux personnage.
Grand-père s'interposa.
– Ces enfants ont besoin de l'aide de votre père, affirma-t-il. Il est médecin, n'est-ce pas ?
– C'est ce qu'il dit à tout le monde.
– Peut-on le voir maintenant ?
Les yeux brillants, Loup gloussa de rire pour une raison que lui seul connaissait.
– Suivez-moi, nous invita-t-il.
Il nous fit entrer dans la maison. Je donnai un coup de coude à Alexia pour qu'elle regarde le plafond, entièrement tapissé d'un filet, telle une gigantesque toile d'araignée.
Planté au centre de la pièce, Loup nous fixait en se frottant le menton.
– Votre père est-il là, oui ou non ? s'impatienta Grand-père. C'est urgent. Pouvons-nous le voir ?
– Vous êtes en sa présence ! déclara-t-il soudain.

– Je… je ne comprends pas, bredouilla Grand-père.
À cet instant, Loup tira d'un coup sec sur ses longs cheveux roux. Une perruque !
Puis il attrapa la peau de son cou et, avec un bruit de déchirure, il ôta son triple menton.
Faux. Tout était faux !
Jetant perruque et mentons en caoutchouc, un vieil homme aux cheveux blancs et au visage émacié nous sourit.
– J'ai toujours voulu avoir un fils, marmonna-t-il. Malheureusement, je n'en ai pas eu ! Alors, j'en ai créé un.
« Il est fou. Complètement dingue, me dis-je. Comment pourra-t-il nous aider ? »
– On se sent seul dans les bois, reprit le docteur Thorne, qui ne souriait plus. Avoir un fils me facilite certaines choses.
Grand-père n'en revenait pas. Finalement, il reprit :
– Pouvez-vous aider mes petits-enfants ? Connaissez-vous un remède à la fièvre de la pleine lune ?
Le docteur nous fixa d'un air pensif.
Je sentis alors une vague de colère monter en moi. J'eus soudain envie de rugir, de saccager cette pièce.
« Je suis un monstre, me dis-je. Et je vais le rester parce que ce dingue n'a pas la moindre idée de ce qu'il faut faire pour me guérir. »
Je me tournai vers Alexia et vis qu'elle serrait les poings. « Elle pense la même chose que moi. »
Le docteur Thorne traversa la pièce d'un pas vif en direction d'une bibliothèque. Fredonnant un air, il

sortit trois ou quatre livres poussiéreux, les déposa sur son bureau et se laissa tomber dans son fauteuil. Penché sur les ouvrages, il tournait rapidement les pages, parcourait de son index des colonnes de petits caractères.

Debout au milieu de la pièce, Alexia, Grand-père et moi le regardions sans dire un mot.

Finalement, il leva la tête.

– Des caractères aussi petits sont illisibles, marmonna-t-il. J'aurais dû laisser Loup faire ce travail pour moi. Sa vue est bien meilleure que la mienne.

– Vous avez trouvé quelque chose ? demandai-je, impatient.

Le docteur Thorne secoua la tête :

– Non, je n'ai pas trouvé le remède. En fait, je n'ai même pas trouvé la fièvre de la pleine lune dans l'index.

Grand-père, Alexia et moi soupirâmes en chœur.

Soudain, le vieil homme bondit de son fauteuil :

– Mais je vais vous aider !

– Nous aider ? m'écriai-je. Comment ?

Il ne daigna pas me répondre. Il tira simplement sur une corde, pendue derrière son bureau.

J'entendis un sifflement au-dessus de nos têtes. Levant les yeux, je vis le gros filet dégringoler du plafond.

Il tomba sur nous, si lourd qu'il nous cloua au sol. Je grognai de surprise et de colère. Je me débattis pour me libérer. En vain ! Les mailles du filet étaient trop solides.

Je cessai de me battre et m'écroulai.
Derrière son bureau, le docteur Thorne nous fixait d'un regard inquiétant.
– Pourquoi nous avoir piégés ? criai-je, furieux. Qu'allez-vous faire de nous ?

23

– Ce que je vais faire de vous ? Des célébrités !
Telle fut sa réponse.
Jamais je n'oublierai son sourire froid, ses petits yeux cruels.
– Je vais faire de vous des célébrités ! répéta-t-il.

Trois semaines plus tard j'entendais toujours ces mots résonner dans mon esprit.
Mais était-ce bien trois semaines ? Il est très difficile de garder la notion du temps lorsqu'on voyage sans cesse.
Lorsqu'on vit comme un animal en cage.
Oui, Alexia et moi vivions dans une cage, tandis que Grand-père était enfermé dans la caravane du docteur Thorne.
« Je vais faire de vous des célébrités ! »
Nous faisions partie d'une foire itinérante. Les gens achetaient des billets pour venir nous regarder comme les animaux d'un zoo.

LES MONSTRES DU DOCTEUR THORNE

Voilà ce qu'annonçait son énorme enseigne.

ILS ÉTAIENT DES HUMAINS COMME VOUS,
ILS SONT DÉSORMAIS DES BÊTES

Les gens dépensaient cinq dollars pour satisfaire leur curiosité.
Oui, Alexia et moi étions célèbres. Nous attirions de grosses foules.
Nous étions des monstres de foire.

Le docteur Thorne présentait également un garçon à deux têtes et une femme à queue de poisson, qui prétendait être née dans l'océan.
Mais ce n'était que du baratin, et leurs costumes étaient vraiment nuls.
D'ailleurs, ils n'intéressaient pas le public. Les gens voulaient voir les vrais monstres.
Ils riaient, et ils nous montraient du doigt. Ils nous jetaient des cacahuètes et du pop corn. Ils nous insultaient pour nous mettre en colère. Alexia et moi leur répondions par des rugissements en secouant les barreaux de notre cage. Comme des bêtes.
Quelques-uns essayaient de tirer sur notre fourrure.
Une fois, un homme passa sa main à travers les barreaux de la cage et me chatouilla les pieds.
Je manquai de lui arracher le bras.
Dès lors, le docteur Thorne dut installer une corde

pour tenir le public à distance.
Nous faisions tout notre possible pour effrayer les gens, mais ils n'avaient pas peur. Ils trouvaient ça drôle !
Leurs rires nous rendaient fous. Plus nous rugissions, et plus ils adoraient ça.
La nuit, je rêvais de ces visages grimaçants, j'entendais les moqueries de ces gens.

Minuit sonna quelque part, le spectacle était terminé depuis un moment.
Dans la nuit claire et froide, nous regardions la lune presque pleine flottant dans le ciel. Assis dans notre cage, le dos appuyé aux barreaux, Alexia et moi attendions notre dîner.
Bientôt, le docteur Thorne glissa dans notre prison un gros plateau plein de viande crue.
– Bon appétit, marmonna-t-il.
Chaque soir, une heure après la fermeture, il nous servait le même plateau de viande.
Chaque soir, il nous souhaitait bon appétit, puis refermait la porte de la cage.
Chaque soir, Alexia et moi nous jetions sur la nourriture, grognant et bavant.
Nous avions tellement faim !
Nous avions tellement faim, et nous étions si tristes !
La nourriture remplissait nos estomacs, mais elle ne nous consolait pas.
Nous détestions être des monstres. Nous souhaitions plus que jamais retrouver nos corps, nos parents. Et Grand-père.

Ce soir-là, je me dis : « C'est peut-être la dernière nuit. La dernière nuit qu'Alexia et moi sommes enfermés dans cette cage, à manger ce tas de viande comme des bêtes. »
Parce que j'avais un plan.

24

J'attendis la nuit suivante pour en parler à ma sœur.

– Quelle journée horrible ! grogna-t-elle en se laissant tomber sur le plancher de la cage.

Les derniers visiteurs quittaient la foire ; les lumières s'éteignaient.

Je fixai la lune bien ronde au-dessus de nous.

– Ils nous ont jeté des bananes, soupira-t-elle. Comme si on était des singes.

Je me glissai près d'elle, les yeux rivés à la caravane du docteur Thorne, installée au bord du champ de foire.

– Écoute..., murmurai-je. Bientôt, il n'y aura plus de bananes, plus de moqueries. Plus de cage.

Elle écarquilla les yeux de surprise :

– Tu plaisantes, Bobbie ?

– J'ai un plan, chuchotai-je.

Je pointai le ciel :

– Regarde.

Alexia leva la tête :

– Regarder quoi ?
– La lune… Elle est pleine. C'est la pleine lune, Alexia, la première depuis que nous avons attrapé cette maudite fièvre.
Elle me scruta, l'air surpris :
– Et alors ?
– Tu te souviens de ce que la vieille femme a dit à Grand-père ? Le remède contre la fièvre de la pleine lune ! Si on se place sous la pleine lune suivante, si on la regarde…
Le visage d'Alexia s'illumina.
– Oui ! fit-elle. Alors on sera guéris ! Mais il faut sortir de la cage, il faut se mettre sous la lune. Comment faire ?
– Le docteur viendra nous servir le dîner.
– Oui, je sais. Et alors ?
– Ce soir, on fera semblant de dormir, couchés sur le sol. Il va se demander ce qui nous arrive. Alors il ouvrira la porte toute grande. Peut-être qu'il entrera… Et on…
– On l'assommera et on s'enfuira ! me coupa Alexia. Pourquoi on n'y a pas pensé plus tôt ?
– C'est cette nuit ou jamais ! Il faut qu'on s'échappe !
– Ensuite, on libérera Grand-père, et on partira pour toujours, ajouta-t-elle, souriant pour la première fois depuis des semaines.
Je jetai de nouveau un œil sur la caravane.
– Allez, faisons semblant de dormir, Alexia. Il va bientôt arriver avec le repas.
Allongés sur le sol glacial, nous attendîmes.

La pleine lune, haut dans le ciel, inondait tout de sa clarté. J'entendais le murmure du vent soufflant dans les branches des arbres dénudés, faisant claquer les tentes de la foire.

Nous attendions. Que faisait le docteur Thorne ? Pourquoi tardait-il à nous apporter le dîner ?

Et puis je compris ! Je me rassis :

– Alexia... Il ne viendra pas ce soir.

– Que veux-tu dire ? Il doit venir !

– Il sait, répondis-je entre mes dents. Il sait que c'est la pleine lune. Il sait qu'on peut guérir. Et il ne veut pas qu'on redevienne humains !

Ma sœur se redressa et me fixa d'un air hagard.

– Tu ne comprends toujours pas ? Il veut que nous restions des monstres ! Pour toujours ! C'est pour ça qu'il ne nous apportera pas à manger ce soir. Il ne prendra pas ce risque.

Je vis les yeux d'Alexia agrandis de peur. Levant la tête, elle murmura :

– Bobbie, regarde-la. Regarde la lune, elle est déjà haut dans le ciel... Il nous reste si peu de temps. Oh, Bobbie, qu'allons-nous devenir ?

25

Des monstres ; nous serions des monstres jusqu'à la fin de nos jours ! J'entendais les plaisanteries stupides. Je revoyais les spectateurs qui riaient. Les croûtons de pain, les bananes.

Des monstres…

Je ne quittais pas du regard la caravane du docteur Thorne.

Il ne viendrait pas. Pas ce soir !

Soudain, je sentis monter en moi une gigantesque vague de colère, une force inconnue qui me gonflait la poitrine.

Renversant la tête, je poussai un hurlement formidable.

Alexia, près de moi, hurlait de la même façon.

Puis, sans nous être concertés, nous nous jetâmes sur la porte et nous mîmes à secouer les barreaux avec fureur, les mordant, les tordant.

Soudain, le verrou sauta et… la porte s'ouvrit !

D'un bond, nous fûmes dehors, sur le trottoir pavé.

Sous le clair de lune.
Je pris la main d'Alexia et l'emmenai vers les hautes herbes. Enfin libres !
– La lune ! Regarde la lune ! lui ordonnai-je. On arrive juste à temps pour guérir.
À ce moment-là, j'entendis un cri. Le docteur Thorne sortait de sa caravane en courant. Il agitait frénétiquement une main devant lui.
Que tenait-il ? Un fouet ?
Oui, c'était un fouet.
– Rentrez ! hurla-t-il. Rentrez dans la cage !
Son gros ventre rebondissait comme un ballon.
Il leva son terrible fouet.
Il n'eut pas le temps de le faire claquer : Alexia et moi étions déjà sur lui.
Animés d'une force incroyable, née de la colère et de la peur, nous l'arrachâmes du sol. En un instant, nous le portâmes jusqu'à la cage vide et le jetâmes à l'intérieur. Je fermai la porte et Alexia mit le verrou.
– Vite ! dis-je d'une voix étranglée. Il ne nous reste pas beaucoup de temps !
Ma sœur et moi gagnâmes rapidement le tapis d'herbe. Debout côte à côte, nous levâmes nos visages vers la lune.
La merveilleuse lumière argentée nous enveloppait tout entiers.
« Lune, douce lune, priai-je. Je t'en supplie, guéris-nous ! »

26

Rien ne se passa.
Nous attendions depuis une éternité. Le vent caressait nos fourrures, les toiles des tentes claquaient.
Non, non, non !
Ça ne marchait pas. La lune descendait lentement vers l'horizon.
Rien n'avait changé.
Avec des grognements de déception, je me détournai et me dirigeai vers notre cage. Le docteur Thorne secouait furieusement la porte :
– Revenez, vous deux ! Vous ne pourrez aller nulle part. C'est votre maison, maintenant !
Un cri d'horreur s'échappa de ma gorge :
– Jamais !
Non, jamais cette prison ne serait ma maison.
Abandonnant le vieux fou, nous gagnâmes la caravane où était détenu Grand-père.
En nous voyant, il sauta sur ses pieds.
– Vous vous êtes libérés ! cria-t-il, tout heureux.

Mais…
Sans lui laisser le temps de finir sa phrase, je brisai ses menottes d'un coup de dents :
– Partons !
– Pour aller où ? demanda Grand-père.
– À la maison.

Alexia et moi voyageâmes encore une fois dans la soute d'un avion. Nous étions malheureux, inquiets pour notre avenir.
Notre avenir de monstres…
Après l'atterrissage, Grand-père loua un break et nous nous tassâmes à l'arrière pour que personne ne nous voie.
– Avant de partir, j'ai télégraphié à vos parents, annonça Grand-père tout en conduisant. Je leur ai dit que vous étiez en bonne santé, mais je n'ai pas pu leur cacher qu'ils allaient avoir un terrible choc.
Un terrible choc.
« Que feront-ils lorsqu'ils verront que leurs gentils enfants sont devenus d'abominables monstres ? Que feront-ils quand, un jour, perdant notre calme, nous dévasterons tout dans la maison ? Ou quand nous mangerons le chien ? »
Scotty… Cette brave petite bête ! J'étais impatient de le revoir.
« J'espère que je ne te mangerai pas, Scotty. »
Grand-père s'engagea dans l'allée de notre maison. Dès que nous nous arrêtâmes, Alexia descendit. Moi, je ne voulais pas quitter la voiture. Je ne voulais pas

que mes parents voient leur fils dans cet état, couvert de fourrure, des crocs pointus dépassant de son horrible museau.

– Viens, Bobbie, insista Grand-père d'une voix douce. Ne t'inquiète pas, je vais tout leur expliquer.

À ma grande surprise, papa et maman n'étaient pas à la maison.

– Je ne leur ai pas dit à quelle heure nous arrivions, expliqua Grand-père. Ils seront bientôt là, de toute façon.

J'entendis un jappement, qui se transforma en aboiements de joie. Scotty traversa la pièce en trombe en agitant frénétiquement la queue, bondit sur Alexia pour la saluer, puis vint vers moi.

– Scotty ! m'écriai-je en le prenant dans mes bras.

Il me lécha le visage.

– Il se fiche que nous soyons des monstres ! se réjouit ma sœur. Scotty nous reconnaît, il se moque de nos corps de bête !

– Espérons que maman et papa auront la même réaction, déclarai-je en serrant le chien dans mes bras.

Mon estomac se contracta. Je mourais de faim. Non, je n'allais pas manger le chien !

Soudain, les bonbons de Halloween me revinrent à l'esprit. Mon sac était-il toujours dans ma chambre ? Reposant Scotty, je courus vers l'escalier.

Oui !

Le sac de bonbons était posé sur le fauteuil, là où je l'avais laissé.

Je le saisis à deux mains et le déchirai sauvagement.
Des barres chocolatées se répandirent sur la moquette.
Je me mis à les dévorer sans prendre la peine d'enlever les papiers d'emballage.
Je les avalai, poignée après poignée.
Et puis je regardai par terre.
– Scotty, arrête ! criai-je.
Le chien s'était emparé d'une barre, il déchirait le papier.
– Non, ce n'est pas bon pour les chiens ! Tu te souviens de l'année dernière ?
Je lui arrachai la barre chocolatée, et je la fixai, bouche bée.
Cet emballage rouge et jaune…
Je lus encore et encore le nom de la barre.
– Alexia ! hurlai-je. Alexia, viens vite !

27

Ma sœur me rejoignit au pas de course.

– Que se passe-t-il, Bobbie ? cria-t-elle, effrayée.

– Ces barres..., haletai-je. Ces barres que Mme Eakins nous a données le soir de Halloween !

– Les Barres spéciales, oui, fit Alexia en regardant le papier d'emballage qui tremblait dans ma main. Et alors ?

– Ce n'est pas Barre spéciale ! éclatai-je.

– Comment ?

– J'avais mal lu, expliquai-je. Il faisait sombre à ce moment-là, tu te souviens ? Je me suis trompé, Alexia. Regarde !

Je la lui donnai.

– Ce n'est pas Barre spéciale ! m'écriai-je, mais Barre bestiale !

Ma sœur examina attentivement le papier :

– Barre bestiale...

Le bonbon lui tomba des mains :

– Tu veux dire que...

– On n'a pas attrapé la maladie de la lune ! La vieille femme des bois a dit vrai. La fièvre de la pleine lune n'existe pas.

– Barre bestiale..., murmura Alexia.

– Mme Eakins nous hait... Elle nous a donné ces... ces cochonneries pour nous transformer en bêtes !

Ma sœur resta stupéfaite. Puis elle rejeta la tête en arrière et poussa un hurlement abominable.

Avant que je m'en rende compte, je hurlais moi aussi. Nous hurlions de colère, debout au milieu de ma chambre.

Puis nous dévalâmes les escaliers, passâmes devant Grand-père, pétrifié, et sautâmes dans l'allée.

Sans cesser de hurler, nous longeâmes le pâté de maisons, traversâmes la rue...

Nous courions à perdre haleine.

– On va montrer à cette vieille sorcière de quoi sont capables des bêtes ! lança ma sœur.

28

Bientôt, nous nous retrouvâmes sur le perron de Mme Eakins. Grondant furieusement, je saisis la poignée et arrachai le battant de ses gonds.

Grognant, haletant, bavant, Alexia et moi surgîmes dans le salon.

– Madame Eakins ! hurlai-je.

Pas de réponse.

Je fonçai vers le mur, décrochai un tableau et passai le poing à travers la toile. Alexia se mit à lacérer un canapé. Riant comme une hyène, elle enlevait le rembourrage à deux mains tandis que je griffais le papier peint.

Enragés. Nous étions enragés.

Que c'était bon de tout détruire !

– Madame Eakins ! grognai-je de toutes mes forces.

Ma sœur s'occupait de fracasser les bibelots – vases, statues, pots de fleur, miroirs, horloges…

– Quelqu'un m'appelle ?

Une voix monta du fond du couloir.

Toute de noir vêtue, la propriétaire de la maison arrivait à petits pas. Bizarrement, elle ne semblait pas inquiète par notre invasion.
Un sourire amusé se dessina sur son visage.
– Eh bien, eh bien, mes petits monstres, fit-elle froidement, vous avez passé une bonne fête de Halloween… ?
Sans un mot, Alexia lui sauta à la gorge, lui serrant le cou à deux mains.
Mme Eakins se mit à suffoquer, elle allait mourir…
Nous étions des monstres. Des monstres !
Je bondis pour aider Alexia à détruire la sorcière, responsable de tous nos malheurs.
– Aïe ! criai-je en me cognant la tête contre une commode.
Les tiroirs s'ouvrirent et déversèrent leur contenu.
Des barres chocolatées ! Ils étaient pleins de barres chocolatées enveloppées de papier bleu et blanc.
– Qu'est-ce que…, hoquetai-je en en ramassant une.
Et mes yeux se rivèrent à la marque : BARRE MÉDICATION.

Oui ! Ce meuble regorgeait de Barres médication.
Celles qui nous guériraient, Alexia et moi !
J'en pris une poignée et me tournai vers ma sœur.
– Lâche-la ! lui ordonnai-je.
Ses mains libérèrent lentement le cou de Mme Eakins.
– J'ai le remède ! On peut partir maintenant… Viens !
C'est fini ! Le cauchemar est terminé !

J'agitai triomphalement les barres miraculeuses au-dessus de ma tête.
Avec un cri de joie, je m'en fourrai une dans la bouche.
Alexia traversa la pièce en courant, m'arracha une barre de la main, mordit dedans.
Nous nous précipitâmes vers la porte d'entrée.
Avant de partir, je me tournai vers la vieille sorcière et lui lançai :
– J'espère que ça vous servira de leçon ! Ça vous apprendra qu'il ne faut jamais se servir de ses pouvoirs contre des enfants !
Mme Eakins se massait la gorge en nous regardant d'un œil mauvais. Puis elle agita la main comme si elle nous jetait un sort.
– De plus en plus petit ! fit-elle d'une voix rauque. De plus en plus petit !
– Je crains que ça ne marche pas, lui répliquai-je joyeusement. Ma sœur et moi avons mangé des Barres médication ! On en a pris plein !
Alexia et moi franchîmes la porte ouverte, dévalâmes la pelouse en bondissant de joie. Nous étions tellement heureux !
Enfin libérés !
Nous avions à peine atteint l'autre côté de la rue quand je commençai à me sentir bizarre.
Mon corps me démangeait, me grattait.
Tout à coup, je me pris les pieds dans mon jeans…
Je perdis mes chaussures, mes chaussures… qui étaient devenues immenses.

Pourquoi mes vêtements étaient-ils soudain trop grands ?
Je n'y comprenais rien ! Je regardai ma sœur.
Elle rétrécissait !
Une expression d'horreur sur le visage, elle bredouilla d'une minuscule voix haut perchée :
– On… on rapetisse !
– Mais… mais…
– Mangeons une autre barre ! Vite !
En portant le chocolat à sa bouche, elle écarquilla les yeux comme si elle avait vu le diable en personne.
– Bobbie ! Non ! Tu n'as pas recommencé !
– Comment ?
Je la fixai, incrédule.
Puis je regardai l'emballage. J'y lus :

BARRE MALÉDICTION

FIN

EXTRAIT

Et pour avoir
encore la

Chair de poule®

lis
ces quelques pages de

KIDNAPPÉS DANS L'ESPACE !

EXTRAIT

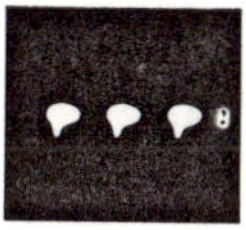

Je suis dans ma nouvelle classe, au collège. C'est la rentrée. En tout cas, ça y ressemble : il y a des bavardages excités et des rires nerveux, des bruits de chaises que l'on déplace, des portes de casiers qui claquent, des élèves qui crient et qui s'interpellent. Certains cherchent leur classe, d'autres une place où s'asseoir.
Je suis assez nerveux, et j'ai un poids sur l'estomac. C'est étrange, car d'ordinaire je suis très calme, même le jour de la rentrée.
Je suis assis au troisième rang et je contemple la pile de livres sur mon bureau.
Je soulève la couverture du premier. Elle craque. Ce livre n'a jamais été ouvert auparavant et il sent le neuf.

EXTRAIT

Le professeur entre. C'est un petit bonhomme rondouillard, avec un casque de cheveux roux au sommet d'une tête allongée. Il a l'air sérieux et porte d'épaisses lunettes à monture carrée. Il est vêtu d'un pantalon de velours brun et d'une chemise blanche à manches courtes, révélant des avant-bras roses, constellés de taches de rousseur.

Il marche un peu voûté, comme s'il avançait en pleine tempête. Ses cheveux plaqués en arrière semblent flotter dans le vent. Son expression est sombre, empreinte de gravité.

Sans accorder un regard aux élèves qui s'agitent et discutent entre eux, il se glisse derrière son petit bureau gris. Il y dépose une pile de feuilles, puis ôte ses lunettes et les essuie avec un mouchoir.

La sonnerie retentit, assourdissante, faisant vibrer les vitres de la classe. Quelques élèves continuent à papoter, mais la grande majorité se calment et se tournent vers le professeur.

– Je m'appelle monsieur Kray, nous annonce-t-il.

Sa voix est grave et profonde, surprenante. Elle ne correspond pas à son physique.

Je me sens bizarre : nerveux, fébrile. Je regarde les élèves qui m'entourent.

Hé ! Une seconde !

Mes yeux passent de l'un à l'autre, et un frisson glacé me parcourt.

Qui sont-ils ? Je n'en reconnais aucun !

Tous les ans, plusieurs nouveaux s'inscrivent à l'école. Mais de nombreux élèves de la sixième devraient être avec moi.

Notre collège ne compte que deux classes de cinquième. Mes copains seraient-ils tous dans l'autre classe ? C'est impossible.

Les classes constituées uniquement de nouveaux, ça n'existe pas ! Cependant, j'ai beau les regarder, je n'en connais pas un seul.

Gagné par la panique, je vérifie ma feuille de convocation. Jacob Miller. Cinquième. Classe de M. Kray.

Je suis dans la bonne salle.

Quelque part, cela me soulage. Au moins, je n'aurai pas à me lever devant tous ces inconnus en disant : « Excusez-moi, je me suis trompé de classe. » Il n'y a rien de plus embarrassant.

Mais cela ne change pas le problème : pour-

quoi est-ce que je ne reconnais personne ?
Mon attention se porte sur une fille blonde devant moi. Elle est très jolie. Le soleil qui s'accroche à ses cheveux les pare de reflets dorés. Elle est penchée sur son bureau et semble écrire un mot. À côté d'elle est assis un grand baraqué, avec une casquette de base-ball rouge, qu'il porte avec la visière en arrière. Il me sourit.
S'est-on déjà vus ? S'adresse-t-il à quelqu'un derrière moi ? Je me retourne vers les élèves du fond. Ça serait bien de trouver un visage familier. Mais non. Rien que des étrangers.
– Bienvenue dans votre nouvelle classe, lance M. Kray d'une voix forte.
Il est penché sur son bureau et prend appui sur ses poings fermés.
Son attitude m'arrache un rire nerveux. Dans cette position, il me fait penser à un gorille. Un gorille avec un casque de cheveux roux.
– J'espère que vous avez passé de bonnes vacances, poursuit-il en nous observant par-dessus ses lunettes. Et que vous êtes prêts pour commencer cette année en classe de trillième.
En quoi ? Quelle classe ?

EXTRAIT

Je lève la main :

– Pardon, monsieur ? Quelle classe, avez-vous dit ?

EXTRAIT

Soudain, un garçon s'étouffe au premier rang, sans doute avec un chewing-gum. Il se met à tousser violemment et l'attention de la classe se porte sur lui.

M. Kray se précipite vers lui et lui tapote le dos.

– Je vois que certains s'étranglent de joie à l'idée de reprendre l'école, plaisante-t-il.

Quelques rires fusent. Le garçon est rouge comme une tomate, mais il va bien. Il se rassoit, très embarrassé, et contemple le sol.

Je me rends compte alors que j'agrippe ma table à deux mains. Je relâche mon étreinte et me force à respirer calmement.

Pourquoi suis-je aussi énervé? «Du calme, Jacob, me dis-je. Tu n'as rien à craindre.»

M. Kray regagne son estrade et se met à écrire au tableau. La craie grince, et beaucoup d'élèves protestent. Mais il continue à écrire, très vite, et chacun de ses mouvements provoque des crissements insupportables.

Qu'écrit-il ? Je me penche en avant pour tenter de déchiffrer.

Quoi ? J'ai beau me concentrer, je ne comprends rien.

Est-ce un alphabet étranger ? Tous les signes qu'il marque ne sont pour moi que des gribouillis incompréhensibles.

Écrit-il dans un nouveau langage ? Ou est-ce un jeu ?

Je plisse les yeux dans l'espoir de mieux distinguer ces signes bizarres.

En vain : je suis incapable de dire s'il s'agit de chiffres ou bien de lettres.

Mon cœur se met à battre plus fort, et le sang tambourine à mes tempes. Mon estomac se noue de nouveau.

Je jette un œil discret sur les autres élèves. Tous regardent tranquillement le tableau ; certains prennent des notes.

Pourquoi peuvent-ils lire ces étranges gri-

bouillis, et pas moi ?
Les crissements de la craie me donnent la chair de poule.
Je suis peut-être en train de rêver ? Oui. C'est la seule explication logique. Je décide de me pincer la main. Très fort.
Je grimace mais ça ne me réveille pas pour autant. Je suis toujours incapable de lire ce qui est marqué au tableau.
Soudain, M. Kray cesse d'écrire et se retourne. D'un revers de main, il chasse la poussière de craie de sa chemise, et se penche sur ses papiers.
Puis il relève la tête et me fixe droit dans les yeux.
– Jacob Miller, dit-il de son étrange voix grave, peux-tu venir au tableau et résoudre ceci pour nous ?
Je déglutis avec peine et je me sens rougir.
Je me concentre une nouvelle fois sur les signes, tout en priant pour les comprendre enfin.
– S'il te plaît, Jacob, insiste le professeur en me tendant la craie. Termine cette équation pour nous.

EXTRAIT

J'essaie de me lever, mais je tremble de tous mes membres : dès le premier jour de classe, tous ces inconnus vont me prendre pour un imbécile !
– Je ne sais pas, dis-je en essayant de contrôler ma voix. Nous n'avons pas appris cela dans la classe de Mme Palmer.
– Qui ça ? chuchote une fille dans mon dos.
Quelques rires narquois s'élèvent des rangs, et je remarque que la fille aux cheveux blonds me dévisage avec curiosité.
– Quelqu'un veut essayer ? reprend M. Kray en balayant la salle du regard. Je croyais pourtant qu'elle était facile…
Facile ? Il plaisante ! Ça serait facile s'il écrivait normalement.

Une fille assise au premier rang lève la main. Elle a de longs cheveux bruns et bouclés. Le professeur lui tend la craie, et elle va au tableau. Elle se met à inscrire d'autres gribouillis à la suite de ceux de M. Kray. Quelques instants plus tard, elle rend la craie. Le professeur hoche la tête avec un large sourire.
– Très bien, Myrna !
Il se tourne vers moi et sa mine redevient sombre. Certains élèves me lancent des regards en coin, et je me sens rougir de nouveau.
« Qu'est-ce qui se passe ? Aurais-je dû savoir lire ce problème ? »
A-t-il vraiment dit que nous étions en classe de trillième ? Ou ai-je mal compris ?
Perdu dans mes pensées, je n'entends plus ce que dit le professeur.
Soudain, tous les élèves se lèvent d'un bond et se dirigent vers une rangée d'ordinateurs alignés contre le mur du fond.
– Je sais que c'est un sujet bateau, annonce M. Kray, mais écrivez-le quand même, c'est un bon exercice d'échauffement.

Écrire quoi ? Je n'ai pas entendu le sujet.
Je me lève à mon tour. Je titube ; je ne tiens plus sur mes jambes.
« Allez, Jacob ! Reprends-toi », me dis-je.
Je n'ai jamais eu de problèmes de ce genre. Je me faisais une joie de retourner en classe. Pourquoi les choses tournent-elles si mal ?
En m'approchant d'un ordinateur, je me mords nerveusement la langue. Je lâche un cri de douleur.
De nombreux élèves se tournent vers moi et me regardent bizarrement, mais je fais semblant de ne rien remarquer. Ma langue me fait mal et je réprime une grimace en m'installant devant l'ordinateur.
Je regarde le garçon qui se trouve à côté de moi. Penché sur le clavier, il pianote à toute vitesse.
Je chuchote :
– Qu'est-ce qu'on est censés écrire ?
– Tu dois raconter l'événement le plus passionnant de ton été, me répond-il sans lever les yeux du clavier. C'est la même chose chaque année. Ils pourraient se renouveler un peu, je trouve !

EXTRAIT

– Et que se passe-t-il si on a eu un été ennuyeux ?
Mais le garçon se tait. Je reporte mon attention sur l'ordinateur tout en essayant de me souvenir d'une anecdote particulière de mes vacances. Rien…
« Réfléchis, Jacob », me dis-je. Mon regard se pose sur le clavier… et là, je manque tomber de ma chaise !
Les lettres… Les lettres sur le clavier. Je n'en reconnais aucune.
Cet alphabet m'est totalement inconnu. Il y a des triangles, des lignes ondulées, des suites de petits points. Je les contemple, la bouche sèche. J'ai du mal à respirer.
Autour de moi, tous les élèves tapent comme des fous.

Chair de poule®

1. La malédiction de la momie
2. La nuit des pantins
3. Dangereuses photos
4. Prisonniers du miroir
5. Méfiez-vous des abeilles
6. La maison des morts
7. Baignade interdite
8. Le fantôme de la plage
9. Les épouvantails de minuit
10. La colo de la peur (ancien titre : *Bienvenue au camp de la peur*)
11. Le masque hanté
12. Le fantôme de l'auditorium
13. Le loup-garou des marécages
14. Le pantin maléfique
15. L'attaque du mutant
16. Le fantôme d'à côté
17. Sous-sol interdit
18. La tour de la Terreur
19. Leçons de piano et pièges mortels
20. Souhaits dangereux
21. Terreur sous l'évier
22. La colère de la momie
23. Le retour du masque hanté
24. L'horloge maudite
25. Le parc de l'Horreur
26. La fille qui criait au monstre
27. Comment ma tête a rétréci
28. La rue maudite
29. Le fantôme décapité
30. Alerte aux chiens
31. Photos de malheur
32. Les fantômes de la colo
33. La menace de la forêt
34. Comment tuer un monstre
35. Le coup du lapin
36. Jeux de monstre
37. Nuits de cauchemar
38. Des appels monstrueux
39. Le souffle du vampire
40. Les vers contre-attaquent
41. Le mangeur d'hommes
42. La colo de tous les dangers
43. Sang de monstre
44. Abominables bonshommes de neige
45. Danger, chat méchant !

46. La bête de la cave
47. L'école hantée
48. Sang de monstre II
49. Terrible internat
50. La peau du loup-garou
51. Le jumeau diabolique
52. Un film d'horreur
53. L'attaque des spectres
54. La fête infernale
55. L'invasion des extraterrestres, 1
56. L'invasion des extraterrestres, 2
57. Le manoir de la terreur
58. Cauchemars en série
59. Ne réveillez pas la momie !
60. Un loup-garou dans la maison
61. La bague maléfique
62. Retour au parc de l'horreur
63. Concentré de cerveau
64. Sous l'œil de l'écorcheur
65. Halloween, une fête d'enfer
66. Mort de peur
67. La voiture hantée
68. La fièvre de la pleine lune
69. Kidnappés dans l'espace !
(à paraître en mars 2001)

Hors-série : L'homme qui donne la chair de poule !

Impression réalisée sur CAMERON par

BRODARD & TAUPIN

GROUPE CPI

La Flèche
en janvier 2001

Imprimé en France
Dépôt légal : février 2001
N° d'Éditeur : 6526 – N° d'impression : 5320